Bagnard
à seize ans

Yves-Marie Clément
Illustrations de Denis Collet

Bagnard à seize ans

RAGEOT

ISBN 10 : 2-7002-3231-3
ISBN 13 : 978-2-7002-3231-8

Pour Barène et Mikou.
Merci à Patrick Pelissier.

« Le bagne n'est pas une machine à châtiment bien définie, réglée, invariable. C'est une usine à malheur qui travaille sans plan ni matrice. On y chercherait vainement le gabarit qui sert à façonner le forçat. Elle les broie, c'est tout, et les morceaux vont où ils peuvent. »

Albert Londres, *Au bagne*

La sentence

Ma mère, Gabrielle Friboulet

Ma mère, Gabrielle Friboulet, me mit au monde le soir du 13 juillet 1907, à Fécamp, en Normandie. Mon père était imprimeur et nous habitions près du port, dans l'une des plus anciennes rues de la ville : la rue de Mer. C'était le quartier le plus animé de Fécamp. Mouvements quotidiens des bateaux, ateliers de salaison du poisson, boucanes, bureaux des armateurs, ateliers de fabrique de la liqueur Bénédictine, emplissaient les rues de rumeurs, de cris, de parfums et d'odeurs tôt le matin jusque tard le soir.

C'est ici que je vécus une petite enfance paisible.

Mais en 1914 la guerre éclata. Chaque jour, des hommes du quartier recevaient « l'ordre de mobilisation ». Des gendarmes venaient, frappaient aux portes. Et des voisins partaient pour le front.

La guerre me paraissait lointaine. Je ne savais pas trop de quoi il s'agissait. J'avais sept ans.

Au mois de septembre, les événements se précipitèrent. Les gendarmes toquèrent à notre porte. Ils discutèrent longtemps à voix basse avec mon père. Ce dernier les fit entrer à l'atelier où travaillait mon grand frère Amédée. Les gendarmes l'emmenèrent. Le soir même, il rentra à la maison habillé en soldat, le fusil à l'épaule.

Le lendemain, il partait pour le front.

Ce jour-là, notre mère avait mis sa robe noire des enterrements et son collier de perles blanches. Les voisins étaient sur le pas de la porte de l'imprimerie. Tout un cortège d'amis et de curieux félicitait notre père. Amédée était rasé de frais, les cheveux gominés. Il glissa la main sur ma tête, déposa un baiser sur mon front de petit garçon.

1914, 1915... J'allais toujours à l'école du port, guettant les permissions d'Amédée. Le soir et le samedi, je restais à l'imprimerie familiale. J'observais ma tante Jeannette qui s'activait à la mise en pages de *La Brise normande*, un journal que mon père avait créé. Quand il en parlait, il disait : « *La Brise normande* est un journal démocratique. Sa devise : "Tout par le travail, tout pour les travailleurs". »

Ma tante Jeannette me le lisait chaque samedi. Elle me racontait les actes héroïques des soldats français. Elle me récitait la liste des Fécampois « morts au champ d'honneur ». Elle me décrivait la guerre et j'essayais d'imaginer mon grand frère courant entre les trous d'obus, attaquant l'ennemi, baïonnette au canon. Je l'imaginais fier, courageux. J'étais sûr qu'il pensait souvent à moi. Il me manquait, j'aurais voulu qu'il revienne. Mais il se battait pour la France, disait ma tante avec des yeux qui retenaient une larme.

Amédée mourut le 5 septembre 1916, à Verdun.

Et puis une nuit de novembre 1916, un incendie ravagea l'imprimerie. Ma carte d'identité fut détruite et ce fut un fichu caporal qui refit mes papiers après l'Armistice (en 1919 plus exactement). Il prit le « 7 » pour un « 1 » dans mon année de naissance, le couillon ! Il ne savait peut-être pas lire, ce gars-là... Moi, j'étais fier, cette erreur faisait de moi un homme avant l'âge.

Mon père entreprit des démarches auprès de l'état civil mais le maire de l'époque étant son pire ennemi, ça tourna vinaigre aussi sec.

Mon frère était mort. L'imprimerie dévastée, ma famille se retrouvait quasiment ruinée. Plus de travail. Plus d'argent. Il fallait reconstruire. Racheter des machines. Des disputes violentes éclataient entre mes parents. Mon père ouvrit une petite épicerie dans une maison de la rue Théagène-Bouffart. Le soir, il rentrait ivre. Ma mère pleurait.

Et moi, j'étais complètement livré à la rue. Je n'allais plus à l'école.

J'avais la bougeotte. Fallait que ça bouge! Fallait que ça pète! Fallait que je sorte, que je boive, que je m'explique. Et je m'expliquais avec les poings. À dix ans, j'étais déjà un petit dur et on me craignait. Il me manquait juste la moustache et la grosse voix.

Ma mère essaya de me ramener dans le droit chemin. Je ne l'écoutai pas.

J'ai longtemps gardé l'espoir que mon frère revienne. Le soir, quand je m'endormais, je priais très fort. Je refusais de croire à sa mort. Amédée était toujours vivant. Un éclat d'obus lui avait tranché la cuisse mais il s'en était remis. Il marchait avec des béquilles, bien sûr, mais il était vivant. Et j'allais l'entendre frapper à ma porte : « Eh, petit frère, c'est moi! Je suis rentré de cette sale guerre! »

Les Anglais avaient transformé la grande salle du casino en hôpital pour les soldats français. J'y allais tous les jours. Je remontais le boulevard des Belges en courant. Au casino, je demandais s'ils n'avaient pas reçu un gars du nom d'Amédée Friboulet. C'était non à chaque fois. Un jour, ils m'ont laissé entrer. Et là, j'ai vu les gueules cassées. Tous ces gars qui ne ressemblaient plus à rien. Des moignons d'hommes. Plus de visage, des culs-de-jatte… je me suis sauvé en courant.

En attendant, j'étais devenu un voyou. J'avais treize ans…

Oui, j'étais un voyou. Les bagarres sur le port, les vols, c'était devenu ma vie. Un soir de février 1921, je rentrai à la maison encadré par deux gendarmes. Ce jour-là, mon père eut honte de moi.

À partir de ce moment-là les choses se gâtèrent sérieusement. Je mettais les pieds de plus en plus rarement à la maison. Je dormais parfois dans la rue. Ma mère me donnait des sous mais pas assez pour m'en sortir. Avec mon père on ne se parlait presque plus. Entretemps, je m'étais mis avec une bande des Hauts-Camps qui s'appelait les Crânes toqués. Trois garçons plus âgés que moi. Et je me laissais entraîner. On ne faisait rien de très grave. Mais quand même... On volait, surtout. La première fois, ce fut la recette de l'épicier de la rue Saint-Nicolas. Manque de chance, des voisins donnèrent notre signalement. J'écopai de quinze jours de trou et dans les mois qui suivirent, je multipliai les séjours en prison.

À seize ans, j'étais devenu un dur ! J'avais une sacrée gueule, une moustache que j'entretenais, un air que je me donnais, des tatouages. Je me vieillissais pour en jouer auprès des filles. Et ça marchait ! Elles en pinçaient pour moi ! J'étais de tous les bals ! Elles avaient toutes le béguin pour moi. On dira que j'étais beau gosse.

Mais si j'avais su... Ah, si j'avais su ! Je me serais battu pour qu'on rectifie ma date de naissance, car la justice française avait ça de bon qu'elle n'envoyait pas les mineurs au bagne.

Le 30 septembre 1923, il faisait beau

Le 30 septembre 1923, il faisait beau. J'avais passé trois mois à la maison d'arrêt de Rouen pour avoir volé deux boules de pain et copieusement déglingué la gueule du boulanger.

J'avais enfilé une chemisette de lin que ma brave mère m'avait apportée la veille. C'était le jour du procès, alors elle voulait que je sois beau. Que je sois beau ! J'ai quitté la prison à pied accompagné de deux gendarmes, les mains libres.

J'aurais pu m'embringuer dans une de ces petites ruelles encombrées de Rouen, c'était jour de marché. Et j'aurais couru, couru. Je me serais caché dans la cathédrale. Ou dans les couloirs du tribunal, histoire de leurrer tout ce beau monde. J'y ai pensé, mais les deux braves gars qui m'accompagnaient se racontaient des blagues et riaient de bon cœur. Celui qui marchait à ma gauche a failli entrer dans un bistrot pour boire un café vu qu'on était en avance pour l'audience.

J'étais détendu. Au tribunal, j'ai commencé à déchanter quand j'ai vu les trognes des magistrats et de mon jury d'assises. Les Assises ! Comme si j'étais un criminel !

Mon avocat, un vieillard aviné, me jetait sans trêve des regards noirs, accusateurs. Le président, l'avocat général, les procureurs et substituts, tout ce beau monde en robe s'était ligué contre moi pour m'expédier en enfer.

Mon père et ma mère se trouvaient au deuxième rang. Endimanchés. Ma mère pleurait. Elle portait une voilette qui dissimulait son regard mais ses lèvres serrées trahissaient son chagrin. Mon père avait le visage sombre. Je m'en voulais de leur faire tant de peine.

Dans la soirée, le verdict tomba. Le président me fit lever. Mes jambes tremblèrent comme celles d'une bête qui sent l'abattoir. J'observai les jurés. Deux d'entre eux baissèrent les yeux. Les autres se tenaient bien droits, fiers, sans doute, de la décision qu'ils venaient de prendre en leur âme et conscience. La sentence claqua :

– Accusé, en trois ans vous avez cumulé six peines d'emprisonnement de plus de trois mois. En conséquence, selon la loi, le tribunal vous condamne à la relégation[1] collective, peine que

1. Condamnés plusieurs fois en France pour des délits (vols, vagabondage, etc.), les relégués sont envoyés au bagne de Saint-Jean-du-Maroni pour y finir leurs jours.

vous accomplirez au camp de Saint-Jean-du-Maroni sur la terre de Guyane.

Je regardai mon avocat et je me tournai vers le président.

– Pour combien de temps, monsieur ?

Un rire envahit la salle. Le président se fâcha tout rouge. Il demanda le silence. Me dévisagea.

– La relégation collective est une peine à perpétuité, jeune homme. Vous ne le saviez pas ?

Perpétuité ! J'essayai alors d'expliquer que j'étais encore mineur en racontant l'histoire de ce fichu caporal qui avait refait ma carte d'identité. Même mon avocat crut à une fourberie de ma part. Mais le tribunal ne tint pas compte de mon âge.

C'est ainsi que ma vie bascula. Le 30 septembre 1923, la bonne société française décidait d'envoyer Benjamin Friboulet au bagne de Guyane, pour tout dire au plus profond du trou du cul du monde !

Je restai trois semaines dans une petite cellule du dépôt de Rouen avant que l'ordre soit signé pour mon transfert. Un midi, je déjeunai à côté d'un gars qui avait fait le bagne de Guyane. Il me raconta en quelques mots le périple qui m'attendait. De Rouen, j'allais embarquer en fourgon cellulaire pour le port de La Pallice à La Rochelle. Puis on m'emmènerait en canot sur l'île de Ré.

Là, se trouvait la citadelle de Saint-Martin où je patienterais quelques semaines, voire quelques mois avant le grand voyage pour la Guyane. Il m'expliqua aussi que la Citadelle grouillait de gars comme moi, des relégués. Mais qu'on y côtoyait aussi les transportés, de grands criminels qui avaient échappé d'un cheveu à la guillotine.

– Les criminels écopent de peines plus courtes que les petits voyous de ton espèce, me dit-il.

– C'est injuste !

– C'est injuste, mais c'est comme ça.

Les peines infligées par la justice française étaient inacceptables : elle envoyait les petits voleurs comme moi au bagne de Saint-Jean-du-Maroni pour y finir leurs jours tandis qu'elle condamnait les criminels comme lui à quelques années de prison au bagne de Saint-Laurent-du-Maroni. Nous, les relégués, nous étions la vermine dont la France se débarrassait par le moyen le plus expéditif !

Je marchais la tête basse

Je marchais la tête basse, regardant les chaussures de l'homme qui avançait devant moi. Je relevais parfois la tête pour reprendre un peu d'air. Le ciel était d'un marbre grisâtre parcouru de veines blanches et noires. Un ciel sans vent et sans lumière.

On avait traversé en bateau jusqu'à l'île de Ré. En passant la porte cochère du dépôt de la citadelle de Saint-Martin, j'avais envie de vomir et de pleurer à la fois. Les murs immenses, fortifiés, interdisaient toute évasion.

– Dernière escale avant la Guyane ! s'écria un gardien.

J'entrai dans ma cellule avec huit autres relégués. Des gars que je ne connaissais pas. Je posai mon sac sur une paillasse. Une poigne puissante me saisit par le col.

– Dégage ! C'est ma place !

Je serrai les poings. L'homme qui m'avait interpellé s'avança d'un pas. Il mesurait une tête de plus que moi. Je ne voulus pas me résigner sans tenir tête à cette brute.

– Pourquoi ce serait ta place ? je répliquai.

– T'es qu'un pourceau, petit, et si t'insistes je te saignerai dans ton sommeil, tu piges ?

Je regardai autour de moi, cherchant du secours. Les autres ne réagissaient pas. Je reçus un violent coup de genou dans le ventre. La douleur me plia en deux.

Le gars insista :

– Dégage ! Je te dis que c'est ma place.

Un autre me saisit par l'avant-bras.

– Il te tuera, petit. Alors obéis !

Je ramassai mon sac et m'écartai en me tenant le ventre. J'en avais ramassé des coups par le passé. Mais, pour la première fois, je me sentais vaincu. Ce n'était plus le temps des bagarres de rue entre garçons de mon âge. Une vague venait de me propulser dans le monde des hommes que rien n'effrayait.

Celui qui venait de me frapper se pencha sur moi et dit :

– Souviens-toi, le drôle... Je m'appelle Corbeyran, de Bordeaux.

Il désigna son compagnon et ajouta :

– Et lui, c'est Gentil de Grenoble, tu te rappelleras ?

Un murmure s'installa. Les autres choisirent leur place et me laissèrent celle du fond qui était maculée de taches de sang.

L'accablement me serra la poitrine. Je me recroquevillai sur moi-même.

Dans la cellule, des gars discutaient entre eux. D'autres fumaient une cigarette. Personne ne m'adressa la parole.

Le soir, on nous apporta à manger. Une gamelle de bouillon au lard chacun. Un quignon de pain. La soupe était trop salée. Mais je l'avalai. J'avais trop faim.

La nuit tomba très vite. Je m'allongeai en pensant à ma famille. À mon frère, d'abord. Puis à mes parents, au mal que je leur avais fait.

La lueur de la pleine lune éclairait la cellule. Un surveillant ouvrit le judas et jeta un rapide coup d'œil à l'intérieur.

Quand le silence fut complet, la couverture de Corbeyran s'agita. L'homme se dressa, secoua l'épaule de son complice. Ils échangèrent quelques mots. Ils se levaient pour moi, je le savais. Ma respiration s'accéléra. Mon regard balaya les autres couches, cherchant du secours, mais ce n'était qu'un alignement de corps endormis sous les couvertures grises.

Corbeyran sortit une cigarette de sa poche, gratta une allumette. Des festons de fumée bleuâtre coururent autour de son visage à la barbe rase, effleurèrent ses oreilles. Ce gars-là n'avait pas le visage mauvais mais plutôt le visage d'un ange. Il donna un coup de coude à Gentil qui me caressa la tête avec douceur.

– Alors, pourceau, tu n'arrives pas à dormir ?

Son haleine fétide mêlée à l'odeur de tabac me souleva le cœur. Je frissonnai.

– Tu penses à ta maman, petit ?

La main rêche descendit sur ma joue, effleura ma tempe. Gentil souriait. Il y avait de l'admiration dans son regard. De l'admiration pour la force et le cynisme de Corbeyran, son maître. Mon cœur battait fort. J'avais la gorge serrée. Que me voulaient-ils ? En prison, j'avais entendu tant d'histoires sur les jeunes bagnards violés ou assassinés par des anciens. Corbeyran murmura d'une voix douce :

– Ta petite maman, elle t'a donné de l'argent avant de t'envoyer au bagne ?

Gentil étouffa un rire.

– Tu as bien quelques sous dans ta poche, une montre, un briquet. Pas vrai ? On ne laisse pas partir un garçon comme toi sans des petites affaires. N'est-ce pas, Gentil ?

– C'est vrai, chef !

Je me forçai à respirer plus calmement. Je ne me laisserais pas faire car je n'étais pas une mauviette. Je me relevai brusquement, repoussai le bras de Corbeyran et envoyai promener Gentil d'un bon coup de talon dans l'estomac. Mais Corbeyran réagit aussitôt. J'entrevis à peine son poing droit fondre sur son visage. Ma tête heurta le mur.

L'homme saisit le bout de mes seins entre ses doigts puissants et les broya. Une douleur intenable me paralysa. Le souffle chaud de Corbeyran fut sur ma bouche.

– Grogne, pourceau !

Je me redressai pour échapper à mes bouchers et lançai un coup de genou dans la poitrine de Corbeyran, qui s'écria :

– Tu vas payer !

Coups de poing, coups de tête. Le sang m'inonda la bouche. Je crachai une dent. Alors, d'instinct, je me roulai en boule, fermant les paupières, bandant mes muscles pour mieux encaisser les coups. Ils pouvaient frapper désormais, je m'en moquais, j'en avais vu d'autres.

Mais le calme revint. Une main souleva doucement ma chemise. Le froid me fit frissonner. Et soudain, une brûlure dans le dos m'arracha un cri. La cigarette de Corbeyran venait de s'écraser sur ma peau. Une odeur de cochon brûlé me souleva le cœur. Je me levai, sautai hors de ma couche et me plaçai en garde. Un violent coup de pied dans le bas-ventre m'envoya à terre. Les coups s'enchaînèrent. Dans le dos, dans le flanc, dans le ventre. Corbeyran avait mis ses sabots pour frapper plus fort.

Des voix s'élevèrent alors dans la cellule. Je roulai sur moi-même. Des détenus s'approchèrent. Combien étaient-ils ? Deux ? Trois ?

Une bougie s'alluma. Leurs silhouettes dansaient dans ma tête. Leurs voix éclatèrent au-dessus de moi, comme sur un lointain nuage. Puis ma vue se brouilla. Je ne ressentais plus la souffrance. Je vis ma mère, mon frère Amédée. Une chanson de mon enfance se mêla au bruit du vent. Comme si j'allais mourir. Un ultime coup de pied me fit perdre connaissance.

Combien de temps avait passé ?

Combien de temps avait passé ? Je me réveillai à l'infirmerie. Le soleil baignait la pièce d'une lumière douceâtre. J'entendais les navettes qui débarquaient les nouveaux arrivants.

Un matin, après la visite hebdomadaire du médecin-major, l'infirmier réclusionnaire entra dans ma chambre et m'annonça :

– Tu retournes en cellule, Friboulet.

Je tressaillis. L'homme se pencha sur mon lit.

– Y a plus de soucis, mon gars ! Tes deux gars ont été égorgés à la promenade. Et pas avec une lame bien affûtée. Tes vengeurs ont dû s'y reprendre à trois fois !

Il rit de bon cœur, découvrant un alignement de dents jaunes et branlantes.

– Ils te feront plus d'ennuis, mon gars… Plus d'ennuis !

Je me redressai, réveillant une douleur dans le ventre et dans les côtes qui me donnait de la peine pour respirer. L'infirmier s'assit au bord du lit, sortit un paquet de cigarettes de sa poche et m'en offrit une.

– Tu fumes ?

Je refusai. Il alluma une brune avec un briquet de marin. Son bras était couvert de tatouages du poignet jusqu'à l'épaule. Ils représentaient des branches, des lianes et des feuilles entrelacées.

– C'est la jungle, ça, mon gars. La jungle ! Je connais un gars qui peut te faire le même tatouage avant de partir. Tu as de l'argent ?

Comme je ne répondais pas, il poursuivit :

– La Citadelle sera bientôt pleine et le départ pour la Guyane approche. Tu ne vas pas tarder à connaître la brousse[1]. T'es un relégué, n'est-ce pas ? Mieux vaut parfois être condamné aux travaux forcés comme transporté, tu sais. Tu vois, j'ai tué deux fois dans ma vie et j'en ai pris pour cinq ans de travaux forcés. J'ai fait mon temps, j'ai doublé[2] à Tafia-Town, à Cayenne si tu préfères, et je suis rentré en France. Mais un jeune gars comme toi… tu ne reverras plus jamais ton pays. À moins que… tu te fais la belle et tu ne te fais pas prendre pendant cinq ans. Alors t'as l'droit au bénéfice de la prescription. Tu sais ce que ça veut dire, la prescription ? L'adminis-

1. La jungle dans l'argot des bagnards.

2. Les transportés condamnés à moins de sept ans devaient doubler leur peine une fois libérés sur le territoire guyanais. Ceux qui étaient condamnés à plus de sept ans n'avaient plus le droit de retourner en France.

tration pénitentiaire elle te raye de ses listes et tu peux rentrer à la maison.

– Friboulet ! Une lettre pour toi.

Je pris l'enveloppe décachetée par les soins de l'administration pénitentiaire.

Le 4 octobre 1923

Mon cher enfant,

Te voilà parti sur les routes vers Saint-Martin-de-Ré et l'on m'a dit au tribunal que cette lettre arriverait sans doute avant toi. J'espère seulement qu'elle te sera remise. Ton père et moi avons beaucoup de mal à accepter le sort que le jury t'a réservé. Tu mérites tellement mieux.

Moi, ta maman, je n'ai pas été à la hauteur. Je n'ai pas su t'aider. Je n'ai pas su te parler, te rappeler à la vraie vie, te remettre dans les rails quand ton frère Amédée nous a été pris. Mes larmes sont amères.

Chaque matin, je me réveille et mon corps entier est sec comme le tronc d'un vieil arbre qu'on s'apprête à abattre. Sec du bonheur perdu. Il n'y a pas une minute où je ne pense à toi. Je prie chaque jour.

Mais parlons un peu de notre vie quotidienne. Hier, nous avons essuyé une tempête comme je n'en ai jamais connu à Fécamp. Les rues s'étaient transformées en rivières. Nombre de navires amarrés dans l'arrière-port ont été démâtés par le vent et des bourrasques d'une violence que tu ne peux imaginer.

On raconte qu'au Havre, des toitures entières ont été arrachées. À Caen, un arbre s'est abattu sur un train de voyageurs, causant la mort d'une personne et en blessant treize autres. Tu vois, le malheur est aussi ailleurs. Et pourtant, cela ne me réconforte pas.

En attendant ton retour, je t'écrirai le plus souvent possible. Fais attention. Porte-toi bien, mon Benjamin chéri entre tous.

Je t'aime.

Je repliai la lettre. Une larme tomba sur l'enveloppe. L'infirmier m'aida à me lever.

– Courage mon garçon, faut que t'apprennes à vivre. Faut qu'on te respecte. Tu dois leur montrer que t'es un dur.

Je fus accompagné jusqu'à ma cellule par deux brancardiers. Je marchais avec beaucoup de peine. Le bruit de mes sabots claquant dans le couloir me tourna la tête. La sentinelle de garde tourna la clef dans la serrure et ouvrit l'épaisse porte de bois. Les autres étaient là. Je reconnus des têtes. On me sourit. Je me dirigeai vers ma couche. Elle était occupée.

– On t'a changé de place, petit, à cause du souvenir, dit l'homme assis à ma place. On a pensé que tu serais mieux ici.

Il désigna le bat-flanc sous une fenêtre.

– De là, tu verras le ciel!

Je me retrouvais entre deux hommes.

– Moi, c'est Franek et lui, c'est Jalbert. Il est casseur de gueules dans le civil.

– On dirait pas, lança un autre en montrant Jalbert avachi sur sa couche.

– Aujourd'hui, il est pas bien. Je crois qu'il a la fièvre.

Jalbert tremblait, pelotonné sur lui-même. Il avait l'air d'un géant. Il ouvrit un œil et dit :

– Bienvenue, petit !

J'aurais voulu les remercier de m'avoir sauvé la vie mais aucun son ne franchit mes lèvres.

– On te fera pas de mal ! affirma Franek pour me rassurer.

Deux hommes sortirent de la cellule qu'ils avaient lavée à grandes eaux. En face de moi, un homme posa sur son lit un carnet rouge dans lequel il venait de griffonner quelques mots. Il rangea la plume, l'encrier et le crayon à mine dans un petit sac. Puis il me fit un signe de la main.

– Cigarette, garçon ? On m'appelle Scribouille.

C'était un homme d'une cinquantaine d'années. Ses cheveux blancs et raides comme du fil de fer étaient taillés en forme de casquette, le teint était pâle, la peau du visage ridée, les yeux d'un bleu délavé portaient beaucoup de tristesse. Était-il de ceux qui m'avaient sauvé la vie ?

– Je suis relégué comme toi, reprit-il. Tu vois… J'étais dans la misère, j'ai volé et j'ai été pris. Mais pour moi, il ne s'agit pas d'une première car je connais déjà la Guyane. Par le passé, j'ai été condamné à six ans de transportation et six ans de doublage.

Il parlait bien.

– Tu étais transporté ? Comme... comme le célèbre Dieudonné ? je demandai.

– Je l'ai rencontré, Dieudonné. À l'île Royale où il est enfermé.

Mon père m'avait parlé d'Eugène Dieudonné, cet anarchiste condamné à mort au printemps 1913 pour avoir, disait-on, participé aux braquages meurtriers de la bande à Bonnot. Ayant toujours clamé son innocence, il avait été gracié par le président Raymond Poincaré et envoyé en Guyane.

– Alors tu as tué quelqu'un ?

Scribouille fit mine de ne pas entendre ma question. Ses mâchoires se crispèrent. Sa pupille brilla d'un coup. Franek marmonna :

– C'est un truc qu'on demande pas, garçon !

Scribouille murmura :

– Tu apprendras que la vie de tout homme peut basculer. Comme la flamme qui s'allume ou qui s'éteint par un coup de vent. En l'espace d'une seconde, je suis devenu un criminel. Il suffit de pas grand-chose pour se laisser déborder par une passion violente. Et alors...

Il alluma une cigarette. Le tabac crépita. Il éteignit l'allumette en soufflant et toussota.

– De retour au pays, sous une nouvelle identité, j'ai fait des petits boulots comme tout le monde. J'ai traversé la France. En 1914, j'avais l'âge de partir. Je suis sorti de l'ombre et je me suis engagé pour ma patrie. J'ai fait la guerre jusqu'au bout. Le cauchemar.

Les yeux plissés, il tira une longue bouffée.

– Et puis j'ai été démobilisé. Je me suis retrouvé sans rien. Sans famille. Sans travail... Je me suis mis à voler. Une bicyclette, de la ferraille pour revendre. J'ai braconné des lapins pour la peau et je me suis fait prendre. Alors ils m'ont relégué.

Il ouvrit son carnet et se remit à écrire. Je m'endormis en me demandant pour quel crime il avait été condamné la première fois.

Je me réveillai en sursaut

Je me réveillai en sursaut, lançant des regards affolés autour de moi. Dans mon rêve, des hommes se battaient au couteau. Le sang faisait des rivières et je me noyais. Je poussai un cri. L'aube hivernale me glaçait jusqu'au sang. D'une main tremblante, je tirai sur moi la maigre couverture de l'administration pénitentiaire.

Jalbert allait mieux. Picard, un relégué de la cellule voisine, infirmier de son état, lui avait donné un médicament.

Un gars ronflait par intermittence. La cloche sonna.

– Debout, la relègue !

Je m'assis, enfilai mon pantalon.

Franek ouvrit un œil.

– Alors, petit... Dis-nous donc comment tu t'appelles ?

– Benjamin Friboulet.
– Et comment t'as fait pour te retrouver parmi nous ?
– Je croyais qu'il fallait pas…
– Pas pour les criminels. Un crime, garçon, c'est lourd à porter. Nous, les relégués, tout le monde sait bien qu'on n'est qu'un ramassis de petites pointures !

J'hésitai. Les autres souriaient. Je me sentis en confiance. Je me campai sur mes deux pieds, mon poing fendit l'air, regagnant pour un court instant mon arrogance de jeune fripouille.
– Je me suis battu… j'ai déglingué un boulanger. J'ai fait de la prison pour vol dans une épicerie… et…

Ma verve s'éteignit. Un grand silence s'installa.
– C'est pas un interrogatoire, petit. Te formalise pas. Mais nous, on aime bien savoir à qui on a affaire.

Je hochai la tête, glissai les mains dans les poches de mon pantalon et lançai :
– Et toi, Franek ?

Franek se racla la gorge.
– Tu devrais plutôt demander « Et vous ? », hein, les gars ? Nous, Jalbert, Lejonc, le gars qui ronfle, là, on est de grands amateurs de théâtre et de cinéma. On a mis au point des techniques savantes pour détrousser le public pendant les représentations. Ça a marché quelques mois jusqu'au jour où… on s'est fait prendre. Un beau flagrant délit organisé par les gendarmes du coin.

C'était un dimanche. On jouait *Roméo et Juliette* à l'aumônerie de Bolbec. Tu connais, *Roméo et Juliette* ?

– Entendu parler.

– Je l'ai vu cent fois. Je crois bien qu'avec Jalbert et Lejonc, on le connaît par cœur ! *Roméo et Juliette*, c'était notre meilleur gagne-pain. On attendait qu'il y ait de l'émotion dans les rangs pour passer à l'action !

Franek se redressa, posa la main sur sa poitrine et déclama :

– « Va, sors d'ici, car je ne m'en irai pas, moi. Qu'est ceci ? Une coupe qu'étreint la main de mon bien-aimé ? C'est le poison, je le vois, qui a causé sa fin prématurée. » C'est à « prématurée » qu'on s'est fait pincer. Nous, on le savait pas, mais la salle était truffée de gendarmes en civil. Aux aguets, s'il vous plaît. Juliette est tombée et nous aussi. Alors voilà, après, ils nous ont passés à tabac. On a été obligés d'avouer nos forfaits. C'est au tribunal qu'on a été plutôt surpris. On a appris que cent trente-deux plaintes avaient été déposées contre nous. C'est un beau chiffre, non ?

– Pour sûr !

– Avec les copains, on s'est dit que les gendarmes nous avaient chargé la mule…

Je lorgnai la cicatrice qui paraissait enfler chaque fois qu'il pliait le bras.

– J'ai ça depuis que je suis petiot, lâcha Franek qui avait surpris mon regard. Je devais avoir six ans. Mon père avait l'habitude de rentrer saoul à la maison et de flanquer une rossée à ma mère. Un soir, j'ai voulu m'interposer. Il était armé d'une barre de fer. Et voilà, j'ai ramassé un bon coup et ça a craqué. Je n'ai pas tout mon bras, tu sais. Il y a des mouvements que j'ai jamais récupérés ! Mon père a tué ma mère, un soir de soûlerie. Il a été condamné aux travaux forcés.

– En... En Guyane ?

– Oui.

– Tu veux le retrouver ?

– S'il est toujours en vie, oui. Je veux m'expliquer avec lui. Il m'a retiré ce que j'avais de plus beau au monde.

Il serra fort le poing et ajouta :

– Le bagne, c'est du miel pour ce salaud. Moi, je lui ferai ravaler sa putain de vie !

– Et eux ? demandai-je.

– Lejonc, c'est un gars de la campagne. Élevé à la ferme entre les poules et les génisses. Il a l'air brave comme ça, mais il trompe son monde. Malin comme un renard, le Lejonc ! Pas un type à problèmes, ajouta Franek. D'humeur régulière. C'est comme un frère pour moi. On a été élevés ensemble pour tout dire. On en a fait, des conneries tous les deux. À commencer par ne jamais aller à l'école ! Oui, toujours d'humeur égale. Mais il y a une chose de sûre, c'est que tu peux compter sur lui.

Franek se fouilla l'oreille et ajouta, comme un secret :

– La nuit… la nuit où les deux gars t'ont pris à partie, c'est lui qui s'est levé le premier pour te défendre.

– Et Jalbert ?

– Jalbert, c'est le fort des Halles. Tout en muscles. Pas une once de cervelle mais bagarreur. Si tu es de son côté, il te protégera. Si tu l'excites un peu, il devient un véritable lion. J'entends encore l'avocat général affirmer : « Ses poings ont été sculptés dans le bois dont on fait les étraves. » Jalbert est plus âgé que nous. Il a fait la guerre en Orient. Aux Dardanelles, je veux dire. Là-bas, du côté de l'Empire turc. Il est revenu avec des médailles et un tas de citations pour bravoure au combat. Mais ça ne lui a pas rapporté grand-chose. Après, il a trouvé la vie trop douce sur terre. Alors il s'est engagé deux ans sur un baleinier.

– Tu l'as connu comment ?

– On s'est rencontrés à la prison de Dieppe. Il venait de terminer une campagne de pêche. Il avait un peu trop arrosé son retour et il s'est battu avec les Anglais. Et le patron du bar, un fichu salaud, a appelé les gendarmes.

– Et lui ? demandai-je en montrant Scribouille.

Franek tourna la tête. Scribouille grimaçait dans son sommeil.

– Il raconte quoi, Scribouille, dans son carnet ?

– On sait que c'est plein de poèmes. Victor Hugo, Baudelaire, Lamartine… Il les récite, parfois… Pour le reste, nul ne le sait, mon garçon. Scribouille n'en parle pas.

Il ajouta à voix basse avec un petit sourire :

– Mais moi, je crois bien qu'il y a des belles filles pleines de rondeurs et de sentiments à vous faire languir un mort.

– Comment tu peux le savoir ?

– Des fois, il pleure quand il écrit. À ce qu'on raconte, il s'est battu comme un fauve pour refaire sa vie et voilà qu'il retourne en Guyane pour toujours. Tu crois qu'il y a un Dieu au-dessus de nos têtes, petit ?

– Ma mère dit que Dieu existe.

– S'il existe, j'aurais deux mots à lui dire !

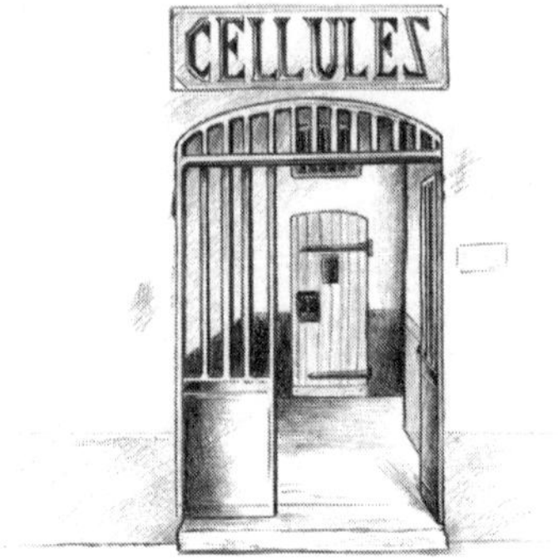

La vie dans la cellule

La vie dans la cellule était assez tranquille. Contrairement aux transportés, nous, les relégués, on avait le droit de parler, de fumer. Et on avait pris nos petites habitudes. Un gars m'avait appris à jouer à la marseillaise, le jeu de cartes des bagnards.

À l'aube, on sortait dans la cour carrée. On marchait dans le silence mouillé et glacial de la cour, avec les corbeaux pour ultimes étoiles dans un ciel plombé, lourd de bruine. Comptant nos pas inlassablement, cherchant la pierre dans laquelle on avait donné un coup de pied la veille en mémoire d'un match de foot d'un autre temps. Il y avait toujours un gars pour demander quand aurait lieu le grand départ. Les surveillants ne répondaient jamais. On ne savait pas. Moi, j'avais hâte de quitter cet endroit maudit.

Le soir, dans le bruit des cuillers qui cognaient le fond des quarts métalliques, chacun avalait sa ration de soupe où flottait un bout de lard fumé. Puis on mangeait la boule de pain qui nous calerait l'estomac pour la nuit.

Enfin, quinze jours avant le départ, notre sort s'améliora. Le temps des promenades fut allongé, on nous servit de la viande quatre fois par semaine, plus un quart de vin. On passa la visite médicale pour partir en terre de Guyane. Un matin, la clé fouilla la serrure. La porte s'ouvrit violemment, heurta le mur. Trois surveillants entrèrent, l'arme au poing.

– À partir d'aujourd'hui, messieurs, vous devez vous tenir prêts pour le grand voyage !

– On pourra prendre des choses à nous ? demanda Franek.

Le surveillant hésita.

– Normalement, pas d'affaires personnelles. Alors soyez discrets !

– Merci !

L'homme déplia une feuille de papier.

– Les effets suivants vous seront remis ce matin. Ils appartiennent à l'administration pénitentiaire, c'est-à-dire à l'État français, et vous en serez tenus responsables.

Il énuméra d'une voix monocorde :

– Une musette, un grand sac de toile, une gamelle, un quart, une fourchette et une cuiller.

Puis il releva la tête. Tous les regards étaient sur lui. Ses doigts tremblaient, le froid peut-être. Il continua sa litanie.

– Un pantalon et une veste en chaud droguet marron, un pantalon et une veste de toile, deux chemises, des sabots-galoches et une couverture ! Messieurs, nous viendrons vous chercher dans la matinée pour la distribution !

Il fouilla dans la poche de sa veste et se tourna vers moi.

– Une lettre pour toi, Friboulet !

Je pris l'enveloppe d'une main nerveuse, déchirai le papier. Je reconnus l'en-tête de l'imprimerie paternelle.

Le 20 novembre 1923

Mon fils,

Tu ne nous as pas écrit depuis ton départ et je ne parviens pas à obtenir de tes nouvelles. J'avais décidé d'attendre du courrier de toi et puis un terrible événement a secoué notre famille. Aussi je prends la plume pour t'apporter de bien tristes nouvelles. Dans la nuit de jeudi à vendredi, ta pauvre mère s'est éteinte. Le docteur Cadinot, qui la soignait depuis plusieurs semaines, n'a rien pu faire pour elle. Le mal l'a vidée de ses forces.

Je te confie ses dernières paroles : « J'ai porté la disparition de mon fils Amédée, mort au combat, le départ de mon fils Benjamin pour le bagne de Guyane. Aujourd'hui, il ne me reste plus aucun espoir. »

Ta mère aurait voulu te revoir, te parler. Et dans ses derniers instants, elle a cru que tu te trouvais près d'elle. Elle me regardait et nous confondait, toi et moi. Elle m'a pris la main et m'a parlé comme une mère aimante à son enfant. Sache qu'elle n'a jamais douté de toi et qu'elle t'a aimé jusqu'à son dernier souffle.

Ici, à Fécamp, les tempêtes se succèdent et je t'avouerai que nous vivons sous un ciel triste et gris au sens propre comme au figuré. Un espoir me guide, celui de te venir en aide. Je vais reprendre les démarches pour toi et je ne désespère pas. J'ai appris que le départ pour la Guyane était imminent aussi je ne pourrai empêcher que tu quittes la France.

Là-bas, prends bien soin de toi. On dit que le climat de la colonie pénitentiaire n'est pas propice à une bonne santé. Essaie de manger ton compte de nourriture et fais de l'exercice pour te maintenir en forme. Ne t'attache pas à des coquins comme tu le fis dans ton enfance.

Choisis tes camarades parmi les plus sérieux, ceux qui sauront te protéger et ne demanderont rien d'avilissant en échange de leur amitié. Je penserai à toi chaque jour que Dieu fera.

Réponds-moi vite, Benjamin.

Ton père qui t'aime.

Je repliai la lettre. Puis je me laissai tomber sur la planche couvrant le bat-flanc. La porte de la cellule se referma. Les regards se tournèrent vers moi.

– C'est ta mère ? demanda Lejonc.

Je hochai la tête.

– Moi aussi, j'ai perdu la mienne, fit Jalbert d'une voix douce. J'avais quinze ans. C'est long à revenir, tu sais !

– À s'en remettre, corrigea Franek.

– C'est ce que j'ai voulu dire.

Scribouille ne broncha pas. Je bloquai ma respiration pour retenir le sanglot qui montait brutalement en moi. Mes yeux s'embuèrent.

– Chiale, petit, conseilla Lejonc. Ça fait du bien, des fois…

– Tu sais, on est tous à bout, ajouta Jalbert. C'est à cause qu'on n'est pas en forme avec la merde qu'on nous donne à bouffer.

Scribouille hocha la tête. Il tenait son carnet rouge à deux mains. Lui aussi avait une larme au coin de l'œil.

– Je n'en peux plus d'être ici, soufflai-je.

– Ne te plains pas, dit Franek. Ces derniers temps, l'ordinaire s'est plutôt amélioré, non ?

– Quelle misère de croire des choses pareilles ! rétorqua Scribouille. On nous gave en prévision du pire.

– Du pire ? demanda Jalbert.

– Le pire est à venir. On va traverser l'Atlantique enfermés dans les cages en ferraille de *La Martinière*. Et là, en pleine mer, on passera notre temps à se vider comme des porcs qu'on saigne, par le haut et par le bas.

Il désigna les latrines.

– Tu vois cette fosse à merde ? Eh bien sur le bateau, ça sera cent fois pire parce qu'on sera tous malades et qu'on sera enfermés à cinquante dans des cages à rats !

Franek sortit une chique de sa poche, la coupa en deux et m'en offrit la moitié.

– Ça va te redonner des forces, petit, tu verras.

J'engloutis le morceau de tabac, l'écrasai entre mes molaires. Un jet de salive amère envahit ma bouche. Je ravalai mes grimaces pour avoir l'air d'un homme.

Je rangeai la lettre dans mon sac posé sur la paillasse et regardai par la fenêtre garnie de barreaux. L'horizon était gris. La cour était grise.

Les lourdes portes de la Citadelle s'ouvrirent, laissant sortir un fourgon cellulaire. Les gardiens hurlaient. Deux forçats se battaient. Cinq gendarmes se précipitèrent sur eux pour les terrasser.

– Ça, c'est les durs de durs, fit remarquer Jalbert.

– J'ai entendu dire qu'ils montent les premiers sur *La Martinière*, expliqua Lejonc. On leur réserve un régime spécial, à fond de cale, dans l'obscurité la plus totale.

Je demandai :

– Ils vont à Saint-Laurent ?

– Non. Eux, je crois qu'on les emmène directement aux îles du Salut, me répondit Lejonc. Là d'où on ne s'évade jamais !

– Alors la Guyane, c'est une île ? lança Jalbert en faisant son paquetage.

– Je sais pas trop, fit Franek. J'ai entendu parler de l'île de Cayenne. L'île Royale, aussi.

Les regards convergèrent vers Scribouille.

– Toi, tu sais, non ?

– Ce n'est pas une île, répondit-il. C'est la jungle.

Faisant saillir les muscles de son cou de taureau, Jalbert se tourna vers Franek.

– C'est une île ou c'est pas une île ?

– C'est pas une île, on vient de te le dire !

– Si la Guyane c'est pas une île, ça va être plus facile de s'évader.

– Tu crois ça ? demanda Scribouille.

– Pourquoi pas ?

– La plupart de ceux qui ont essayé de s'évader par la terre sont morts ou ont été rattrapés. La brousse ne fait pas de cadeau quand tu ne la connais pas. C'est l'univers des bêtes sauvages, des maladies et des Indiens. Certains d'entre eux ne nous sont pas hostiles, mais d'autres oui. Les Galibis, les Roucouyennes. De Guyane, on ne s'évade que par la mer ! Sauf quand on a la chance d'être initié à la jungle !

– Nous, dit Lejonc, on a un plan. On ne traînera pas des années au bagne ! Pas vrai, Franek ?

– C'est quoi, votre plan ? s'étonna Scribouille.

Franek lui fit signe de s'approcher.

– D'abord les voies officielles. J'ai dans ma poche une lettre de recommandation adressée au directeur du camp de Saint-Jean en personne et signée de la main même du député. Quant à Lejonc, ici présent, il a un oncle à Cayenne qui occupe la position de surveillant-chef. Il semblerait qu'il s'agisse d'un homme très influent. Nous le contacterons dès notre arrivée. Il nous faudra d'abord travailler pour redémarrer dans la vie.

Lejonc continua :

– Dans moins d'une semaine, nous jouirons d'un emploi dans l'une des usines de la ville. Je possède une bonne formation de mécanicien.

Franek reprit :

– Moi, pour commencer, je réglerai mes comptes avec mon père. Le temps passant, on finira par nous oublier. Un beau jour... pfuiit, on aura foutu le camp !

– L'Amérique Centrale ! dit Jalbert avec fierté.

– Le Mexique, la Louisiane ! ajouta Lejonc.

– Je vous envie, murmura Scribouille d'un ton narquois. Et si ton plan ne marche pas ?

– Alors on s'évadera. Avec la débrouille, on réussira à ramasser assez d'argent pour se procurer un bateau, des armes et de quoi tenir quelques jours.

– Tu viendras avec nous, Benjamin ?

– Bien sûr ! Plutôt deux fois qu'une !

Scribouille haussa les épaules.

– Vous verrez, les gars. Vous verrez !

La nuit tombait.

Deux surveillants entrèrent dans la cage, accompagnés du médecin-major. L'homme referma le col de sa blouse blanche. Il faisait froid. Puis il passa entre les banquettes, jetant un rapide coup d'œil aux visages.

– Pas de syphilis, ici ?

Personne ne répondit.

– Tuberculose ?

– On est tous sains de corps et d'esprit, dit Franek.

– C'est d'ailleurs pour cela que vous vous trouvez là, n'est-ce pas, messieurs ? lui répondit le médecin aussi sec.

La lourde porte se referma.

Nous allions embarquer pour la Guyane

Nous allions embarquer pour la Guyane et parmi nous, certains criaient leur joie. Cela faisait plus de trois ans qu'ils croupissaient dans une prison centrale puis à la Citadelle en attendant leur départ. D'autres ne laissaient paraître aucune émotion, ils étaient là depuis seulement trois ou quatre semaines.

On nous rassembla dans la grande cour pour la bénédiction religieuse. Puis on franchit les portes de la Citadelle. Une brume épaisse avait envahi le port. Le flanc noirâtre de *La Martinière* se découpait vaguement au loin, entre la pointe des Barres et le port de La Pallice.

Trois remorqueurs faisaient la navette entre l'appontement et le vaisseau-bagne. Des dizaines de soldats et de surveillants entouraient le flot des punis. Les tirailleurs sénégalais, baïonnette au canon, attendaient sur les pavés humides de l'embarcadère. Trois photographes officiels, engoncés dans leur gabardine grise, ajustaient leurs objectifs.

– Laissez tomber, les gars, leur lança Jalbert d'un ton arrogant. On a tous des sales gueules, ce matin !

– J'ai pas eu le temps de me faire un shampooing, ajouta Franek.

Ils faisaient les malins, une dernière fois, avant de dire adieu à la France. Un transporté cria :

– On reviendra !

On partait en Guyane, à sept mille kilomètres de notre terre natale, mais beaucoup pensaient qu'ils s'évaderaient facilement et qu'ils seraient de retour quelques mois plus tard.

Soudain, un chef tendit le bras et hurla :

– Les relégués, à ma droite !

D'un coup, je fus entraîné dans le mouvement des hommes qui se massaient comme un troupeau juste au bord du bassin. Un gars faillit tomber. Des rires éclatèrent. La brume se transforma soudain en une bruine pénétrante. Je grelottais. Je suivais le mouvement, sac sur l'épaule, talonnant Jalbert de peur d'en être séparé.

– Embarquement, dix par dix ! On se dépêche !

On nous rassemblait en paquets, rangés par deux. On nous comptait. On nous recomptait :

– Un... deux... trois...

On recevait des coups de corde. Le convoi s'arrêta d'un coup. On nous fit avancer de nouveau.

J'allais lentement. Je voulais profiter pleinement de ce maigre moment de liberté, de cette fraîcheur du large qui m'enflait soudain les poumons. Je me tournai, aperçus les remparts de la Citadelle. Je me fendis d'un adieu tout en pensant à ce que j'abandonnais, à ma mère qui reposait quelque part dans le vieux cimetière de Fécamp, dans la terre froide et lourde du pays de Caux. À mon frère, dont le corps était resté là-bas, à Verdun.

Jalbert lâcha une bordée d'insultes à l'intention de la République. Devant lui, Franek chantonnait un vieil air en claquant des dents. Des goélands argentés volaient au-dessus de nos têtes. On approchait de la passerelle. C'est alors qu'une main se posa sur mon épaule. Je sentis un souffle chaud sur ma nuque, le parfum du café. Je me retournai. Scribouille tenait précieusement son carnet rouge entre les mains, comme un livre de prières. Il me regarda avec de grands yeux tristes.

– Je te souhaite bonne chance, garçon. Je ne suis plus du voyage, tu vois. On m'attend, il faut que je parte… Voilà… faut que je parte. C'est l'heure de ma cavale, petit. Je me fais la belle !

Scribouille s'immobilisa, fronça les sourcils et baissa la tête pour éviter le regard d'un gaffe qui se posait sur lui.

– Tu as toute la vie devant toi, petit, et je crois bien que tu as un bon fond. Pas comme nous autres, les vieux. Tu sais, derrière mes airs, j'ai fait de grosses bêtises dans ma vie.

Les ordres continuaient de fuser :

– Les transportés d'abord.

– Il y a un gars, dans le convoi, qu'on appelle le Renard. Il t'aidera. Tu dois lui faire confiance.

Une larme coula sur les rides de Scribouille. De fines gouttes de brume s'accrochaient à la pointe de ses cheveux blancs qui dépassaient de son feutre, lui faisant une auréole dans la lumière du jour. On lisait un grand soulagement dans son regard. Il me saisit de nouveau l'épaule. Puis sa poigne se desserra comme s'il hésitait à prendre une décision. Il bouscula son voisin et se mit à courir. Je le suivis des yeux, sans trop comprendre ce qu'il fabriquait. Des gars l'appelèrent :

– Scribouille ! Reviens !

– Fais pas le con !

Le convoi s'arrêta brusquement. Un lieutenant donna un ordre. Les fusils d'un groupe de Sénégalais se levèrent. Scribouille ne courait pas vite.

– Feu !

Les coups de feu claquèrent. Les relégués s'accroupirent, certains se tenant la tête. Le corps massif de Scribouille s'effondra sans un râle sur le pavé mouillé. Son chapeau de feutre roula à terre. Sa main qui serrait encore le carnet rouge se détendit lentement.

– Sales Nègres ! s'exclama un homme.

Mes jambes ne me portaient plus. Mes genoux tremblaient. Les soldats reprirent le rang et rechargèrent leurs armes.

Ils laissèrent là le corps de Scribouille. Sans doute pour servir d'exemple.

– Dix par dix et en silence !

Un murmure envahit le groupe.

– Il a choisi sa fin, murmura Lejonc d'une voix chevrotante.

– Embarquez ! s'exclama le chef.

Désormais, on était tous pressés de prendre la mer. On nous fit accéder au pont par un escalier métallique. Le petit vapeur nous emmena au large. Puis on embarqua sur *La Martinière*, un vapeur de 3 500 tonnes, 120 mètres de long et 10 de large. Ce navire allemand, cédé à la France après l'Armistice, avait été réaménagé pour le transport des forçats. On y avait créé des cages, des salles grillagées qu'on appelait aussi des « bagnes », à l'intérieur desquelles nous passerions le voyage.

Le silence régnait dans les rangs au fur et à mesure de la descente dans les entrailles du monstre. La chaleur des chaudières suait à travers les cloisons métalliques. Un marin distribuait les hamacs tandis qu'un soldat répétait les ordres et consignes, valables jusqu'à l'arrivée à Saint-Laurent-du-Maroni. Les gars avançaient, poussés par les surveillants qui n'hésitaient pas à les frapper avec de grosses cordes pour accélérer la manœuvre. En bas, devant les cages ouvertes, un adjudant nous arrêta.

– Messieurs, voici la cage où vous vivrez durant toute la traversée. Ceux qui, par malheur, enfreindraient les règles seraient immédiatement envoyés au cachot jusqu'à la fin du voyage.

Il faisait sombre, mais ma vue s'habitua très vite. Pour tout mobilier, un banc en bois courait sur toute la longueur de la cage. Des tringles pendaient aux cloisons pour attacher nos hamacs. Un murmure envahit l'assistance. Combien serions-nous à l'intérieur de ces bagnes ? Une centaine ?

– On n'est pas des bêtes ! osa un homme.

– Des bêtes ? reprit l'adjudant. Dois-je vous rappeler ce que vous êtes ? Au regard de l'administration vous êtes des moins que rien, de petits voyous, des fripouilles ramenées au rang de punaise qu'on écrase du talon. Vous avez la débauche dans le sang. Vous n'êtes que des récidivistes, de petits malfaiteurs sans espoir de rédemption. Je vous materai s'il le faut, messieurs les relégués !

– C'est qui, celui-là ? demanda Lejonc.

Une voix répondit dans son dos :

– C'est notre surveillant-chef.

Notre groupe s'engouffra dans la cage numéro deux.

– Accrochez vos hamacs !

Franek murmura à l'oreille de Jalbert :

– Faut pas se mettre près des latrines, c'est trop dégueulasse.

Une main m'attrapa par le bras.

– Viens avec nous, petit !

Jalbert ferma les poings, tel un lutteur avant le combat. Il marcha droit devant lui, épaules en avant, jouant des coudes, bousculant violemment ceux qui espéraient s'installer dans le fond de la cage. Un garçon s'écarta pour le laisser passer, Jalbert lui flanqua un coup de poing dans le ventre. Lejonc, Franek, moi et quelques autres, on le suivit, profitant de cette montagne de muscles qui nous servait de sésame.

– Tu comprends, m'expliqua Franek en montrant le garçon que Jalbert avait malmené, dans ce monde il n'y a pas de place pour les faibles. Si tu manifestes un peu ta générosité, si tu joues la politesse ou la charité, tu seras considéré comme un lâche et les autres en profiteront pour te marcher dessus. Le bagne, petit, c'est la loi du plus fort !

Je crochai mon sac et installai mon hamac à l'endroit que me désigna Franek. Je ne pouvais empêcher mes mains de trembler. L'image de Scribouille s'effondrant devant moi m'occupait entièrement l'esprit.

Combien de fois Scribouille avait-il croisé la mort en Guyane, durant la guerre ? Combien de fois avait-il senti son souffle froid sur son épaule, dans le creux de son dos ? La mort et lui s'étaient enfin trouvés. Elle s'était mêlée de miel au point qu'il l'avait appelée de ses vœux.

La traversée

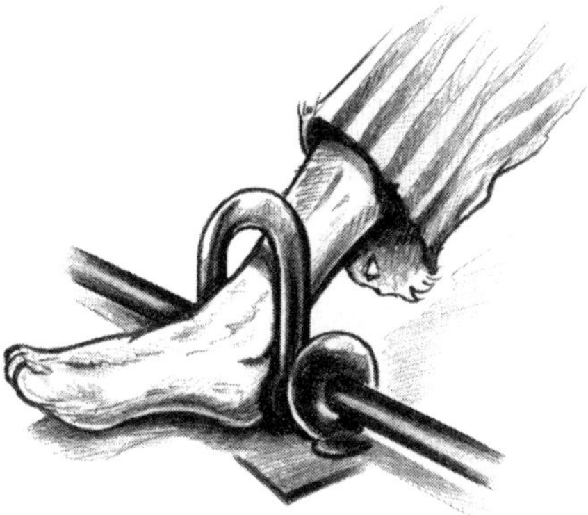

La sirène de *La Martinière* hurla

La sirène de *La Martinière* hurla et le navire s'ébranla. Je m'allongeai sans parler dans mon hamac. Je fermai les yeux avec en tête l'image de ce grand corps sans vie sur le pavé luisant.

– Tu penses à Scribouille ? s'inquiéta Lejonc.

– Oui.

– Scribouille a choisi de ne pas retourner là-bas, dit un nouveau.

– Qui tu es ? lui demandai-je.

– On m'appelle le Renard. J'ai bien connu Scribouille. Nous étions amis. Il t'a parlé de moi ?

– Juste... juste avant de mourir.

Les regards se tournèrent vers le nouveau. Jalbert secoua sa lourde tête.

– Scribouille était un gars tranquille, il ne cherchait de crosses à personne. Et voilà comment il a fini. C'est pas Dieu possible ! Un gars si fort !

– Peut-être pas si fort que ça, fis-je remarquer.
Je murmurai :
– Comment Scribouille a-t-il pu…
– Il a choisi sa façon de partir, non ? dit Franek.
– Il aurait pu se battre… je ne sais pas…
– Oui. Qui te prouve qu'il ne s'est pas battu ? Hein ? Battu contre lui-même, battu contre ses fantômes, contre ses erreurs de jeunesse. Mais à force de se battre, même les plus forts usent leur couenne. Et puis un jour, Benjamin, tu deviens vieux. Et tu n'as plus la volonté.
Franek ajouta :
– Le petit a raison. J'ai connu des gars qui avaient l'air solides comme le roc et qui s'effondraient sans que personne comprenne pourquoi. Scribouille, il avait quelque chose de lourd sur le cœur.
– Il est allé au bagne une première fois pour avoir étranglé sa Mathilde, expliqua le Renard. Par jalousie. Puis il s'est évadé. Il est rentré en France. Ils ont fini par le reprendre.
– Moi, en rentrant de la guerre, s'exclama un gars que je n'avais pas encore remarqué, la mienne de femme, elle est partie avec le facteur.
– T'as fait la guerre, Lescoute ? lui demanda Jalbert.
– Un peu, garçon. J'étais au 288e régiment d'infanterie !
– Au 288e ! m'étonnai-je.
– Comme je te le dis, petit.
– Comme mon frère.

Lescoute passa la main sur sa bouche entrouverte.

– Ton frère. Il était où ? C'était comment, son nom ?

– Amédée… Amédée Friboulet.

Lescoute ravala sa salive. Son visage se raffermit. Ses yeux se plantèrent dans les miens.

– J'ai bien connu un gars qui s'appelait comme ça. Si c'est celui auquel je pense… il était à Verdun en septembre 1916.

– Mon frère est mort là-bas.

La voix de Lescoute vacilla.

– Alors ton frère, il est mort dans mes bras, petit. Le mardi 5 septembre 1916. Ce jour-là exactement. C'est une date que j'oublierai jamais.

Il soupira.

– C'était une putain de guerre. On divaguait comme les bêtes égarées d'un troupeau. Parfois, on rencontrait un lieutenant qui nous donnait des ordres. Il était même pas de notre foutue compagnie. Après, on croisait un capitaine égaré qui nous donnait des contre-ordres. Nous, on exécutait, et on se déplaçait comme les pions d'un jeu de dames. Un pas en avant, un pas en arrière. Le 4 septembre, on a pris la route de la caserne Marceau pour retrouver notre compagnie. C'était pas facile d'avancer. De descendre dans les trous d'obus remplis de flotte jusqu'à la gueule. De remonter sur le glacis pour se prendre les pieds dans les barbelés et les fils de téléphone qui traînaient partout…

– Tu vas pas nous raconter ta guerre ! s'exclama un gars.

– C'est pour le petit que je raconte. Il a peut-être besoin de savoir eu égard à son frangin.

Je hochai la tête.

– Ce matin-là, le soleil s'est levé. C'était pas grand soleil, non. Il y avait bien des nuages dans le ciel mais les rayons nous réchauffaient un peu la couenne alors avec les copains, on a cru que la guerre allait se radoucir, comme pour nous faire une pause dans notre vie de chiens. Et puis des obus d'artillerie ont commencé à tomber. Notre aviation bombardait les positions allemandes. On arrive près du fort. Friboulet ne me quittait pas. C'est qu'il était malade. La diarrhée depuis plusieurs semaines et on mangeait que de la soupe. Plus de sardines, plus de pain. Rien de consistant pour lui colmater les brèches aux boyaux. Alors il était faible. Je me souviens avoir demandé à un poilu où se trouvait notre compagnie. Ça rentrait, ça sortait, là-dedans, comme dans un moulin ! C'était une vraie débandade, des gars qui refusaient d'obéir, d'autres qui ramassaient des bouts de mitrailleuse pour reconstituer une pièce et la mettre en état de marche. Notre aviation s'était calmée. Et là, c'est les Boches qui s'en sont mêlés. Nouveau tir. Un obus a éclaté derrière moi. Je reçois un choc dans le dos. C'est Amédée. Enfin je le reconnais pas aussitôt à cause d'un nuage de fumée noire. Je toussais. Je pense aux gaz. C'en est pas. Je l'ai traîné à l'abri. Il a eu le temps de me parler.

Je lui demandai :

– Qu'est-ce qu'il a dit ?

– Des choses sur sa mère. Des mots comme quand on va mourir.

– Alors lesquels ?

Les lèvres de Lescoute tremblèrent. Son regard se mouilla.

– « Maman ! Maman ! » Et... et il est parti. Il y avait beaucoup de blessés autour de moi alors personne ne s'occupait des morts. Je suis resté avec lui jusqu'à la nuit. C'est un capitaine qui... m'a apporté ma soupe et qui m'a relevé.

– Pourquoi tu as quitté mon frère ? Je ne sais même pas où il est enterré !

Mais Lescoute ne m'entendit pas.

– Après, je rejoins des gars du 220e qui se rendent à la carrière. C'est le cauchemar. Il y a des mourants partout qui appellent leur mère. L'odeur des cadavres est insupportable. Moi, je pense à Friboulet qui s'est éteint dans mes bras. Et je reçois un ordre, aller avec la 15e compagnie. On doit lancer une grosse attaque le lendemain. C'est bien qu'il soit pas mort sous la pluie. C'est ce que je me dis.

– Toi, comment t'as fait pour pas mourir ? demanda un gars du nom d'Hernandez.

– Je sais pas. C'est un peu le miracle parce qu'on marchait sur les morts. Il y avait des cadavres partout. Des Boches, des Noirs, des Blancs. Partout. Dans ma section, on n'était plus que trois. J'étais le plus gradé : cabot. Un cabot chef de section !

Il se mit à rire.

– Je pense que le bon Dieu, il avait son compte de macchabées alors il m'a fait grâce.

Lescoute posa sa main sur la mienne.

– Le monde est petit.

Dans notre cage, des nouveaux s'étaient joints à notre groupe. Il y avait Hernandez et l'infirmier Picard. Hernandez était menuisier. Il venait du Sud. Il n'était pas très grand, le visage sec, les bras noueux. Il paraissait plutôt nerveux. Il y avait aussi Santoni, un Corse, qui s'était installé près de nous.

Je me réveillai le lendemain grelottant de fièvre. Un froid intense noyait mes membres, enserrait mon crâne dans un étau. La peau de mon visage était sèche et brûlante.

– Prends ça, me dit Picard.

– C'est… c'est quoi ?

– Un remède chinois. Fais-moi confiance. J'en ai sauvé plus d'un avec ça.

Je me redressai pour avaler le liquide amer contenu dans le bol. Je grimaçai. Puis je m'allongeai de nouveau. Je fermai les yeux. Le bruit du moteur se mêla au claquement de la houle sur la coque. Je m'endormis.

Nous fîmes une courte escale à Alger

Nous fîmes une courte escale à Alger six jours plus tard. Nous y embarquâmes des Arabes, des Kabyles et des Noirs d'Algérie condamnés au bagne, puis nous doublâmes les côtes africaines. Le ciel était dégagé et les hublots restaient ouverts une bonne partie de la journée. Cela ne suffisait pas à nous donner de l'air pur. On ne bougeait pratiquement plus de nos hamacs. Il n'y avait rien à faire, que se laisser bercer par le bruit des machines, le tapement de l'étrave sur l'eau, le grincement des hamacs. L'ennui jusqu'à l'écœurement.

– Faut vous bouger le cul, les gars ! disait parfois le Renard.

En fin de matinée, la cloche sonnait.

– Promenade ! Deux par deux !

Les ordres étaient courts, les surveillants s'adressaient à nous comme à des bêtes. La sortie ne durait que trente minutes mais c'était un moment sacré car on respirait enfin l'air frais et vivifiant de l'océan. Appuyés sur le bastingage, on devait se tenir droit, sans bouger ni parler, les canons des fusils pointés dans notre dos.

Après le repas, on relevait les hamacs et on s'installait par petits groupes pour griller une cigarette, jouer aux cartes et discuter. Dans ma cage, chacun avait réussi à se fondre dans un groupe. Les Alsaciens avec ceux de l'Est, les Bretons de leur côté. Les Arabes avec les Arabes. Les Parisiens regardaient les autres de haut. Il faut dire qu'ils étaient plusieurs à connaître l'argot. Cela leur conférait une supériorité et faisait une grosse différence avec nous qui ne le parlions pas. Santoni naviguait entre le groupe des Corses, des Marseillais et celui des Normands. Il avait du mal à trouver sa vraie place. Un soir, dans la conversation, Lescoute l'appela « le Caméléon ». Santoni se fâcha. Il n'admettait pas qu'on l'affuble d'un surnom. Cela faillit tourner à la bagarre.

– Santoni est un dur, me dit Franek à voix basse. Il a été arrêté cent trente fois par la police ! Cent trente fois ! Irrécupérable…

– Tu peux causer, fit Jalbert en s'esclaffant.

– Cent trente fois ? C'est pas possible ! remarqua Hernandez. Comment se fait-il qu'il n'ait pas été relégué plus tôt ?

– Monsieur a changé autant de fois d'identité. Il a roulé la police pendant des années !

Franek agita l'index dans ma direction.

– Santoni, il a mérité d'aller au bagne, mais toi petit... tu es trop jeune pour cette vie ! Et puis tu as de l'instruction. C'est pas bon d'être au bagne quand on a de l'instruction.

– Je m'en sortirai !

– Si tu veux t'en sortir, il faut que tu foutes le camp le plus vite possible, petit. Avant que l'engrenage de la machinerie pénitentiaire ait commencé à te broyer. Tu écriras au directeur du camp de Saint-Jean, tu lui expliqueras pour ta carte d'identité... Et s'il ne veut rien entendre, tu t'adresseras au gouverneur.

– Oui... J'irai... j'irai au bout...

Le Renard se retourna dans son hamac et me regarda droit dans les yeux.

– Écrire au directeur ? D'autres l'ont fait avant toi, petit, dit-il d'une voix douce. Mais leurs lettres ont été classées ou ils ont écopé de peines de cachot pour insulte à l'autorité. Les gardiens, les sous-directeurs et leurs directeurs, toute cette clique de brasse-papiers hiérarchisés, ce n'est que de la vermine. Ils ne connaissent pas les sentiments et ne jurent que par le règlement ! Au bagne, tu ne peux faire confiance qu'à tes frères de misère.

– Toi, Lescoute, tu connais le règlement par cœur, pas vrai ?

– C'est exact, mon colonel. Le caporal Lescoute connaît le règlement par cœur ! Un an à la Citadelle, ça m'a donné le temps de me renseigner sur la question!

Il sauta par terre, se mit au garde-à-vous et récita :

– « Parler ou manger dans les rangs, deux jours de cachot. Abandonner sa corvée, trente jours de cachot. Se présenter au médecin-major sans raison valable, trente à soixante jours de cachot! »

– Et péter dans les rangs, Lescoute, ça compte combien? demanda Jalbert.

– T'es drôle !

– C'est juste pour que le petit il sache, et qu'il fasse pas la connerie!

– Le bagne va bientôt fermer ses portes, affirma un gars à l'autre bout de la cage.

Cheveux plaqués sur les tempes, son front plissé lui donnait l'air anxieux. L'homme portait des lunettes rondes qu'il ajustait sans cesse.

– Qui tu es, toi? lui lança Hernandez.

– On m'appelle Pique-Nouilles. Je suis de Valence, répondit-il fièrement. Et toi?

– Hernandez, menuisier et charpentier à mes heures.

– Et pourquoi qu'il fermerait, le bagne? s'étonna Santoni. C'est vrai quoi, qu'on ne fasse quand même pas le voyage pour des prunes!

Pique-Nouilles s'extirpa de son hamac. Il remonta ses lunettes, fronça les sourcils.

– Tu ne sais pas lire?

Sur ce, Santoni sortit un poinçon.

– Et alors, ça te dérange?

Hernandez referma sa main sur l'avant-bras du Corse.

– Doucement, vieux ! Prends pas ça pour une insulte. Vas-y, Pique-Nouilles. On t'écoute !

– Cet été, monsieur Albert Londres a publié une série d'enquêtes sur le bagne dans *Le Petit Parisien*. Il y dénonçait les conditions de vie des forçats. Mon avocat dit que ça a fait scandale et réveillé les consciences.

– Et que ça a émotionné nos ministres, peut-être ? se moqua Santoni.

Un murmure envahit la cage.

– Le bagne, mon petit bonhomme, il est toujours là, s'exclama Franek. Regarde ce navire, regarde comment on nous traite, regarde la merde qu'on nous donne à manger. Même un goret n'en voudrait pas.

Il montra les latrines.

– On vit les pieds dans notre propre merde et notre dégueulis. Tu voudrais que ça change d'un coup de baguette magique ? Au nom de quoi, s'il te plaît ? C'est nous qu'on fait vivre toute cette saloperie d'administration et leurs familles. Le gouvernement va quand même pas les mettre au chômage, ces fils de pute de gardiens et compagnie !

– Franek a raison, renchérit un autre. Le bagne est une activité économique et politique. Et ton monsieur Albert Londres, il y changera rien.

– Au cul, Albert Londres ! s'exclama un transporté dans la cage voisine.

– Il a raison. Ses articles, il peut se les fourrer au cul ! ajouta Jalbert.

– Pas si sûr !

– Vos gueules, là-dedans !

Le cri provenait du côté des latrines. Aussitôt, le ton baissa. Moi, je ne demandais qu'à y croire au combat de ce journaliste. D'ailleurs, j'en avais entendu parler à l'imprimerie.

Une bouteille de rhum venue on ne savait d'où circula dans le groupe. Je me recroquevillai, tirai la couverture sur moi et je fermai les paupières.

Nous naviguions depuis quinze jours

Nous naviguions depuis quinze jours et l'air se réchauffait. Nous nous rapprochions de l'équateur.

Un matin, le Renard vint brûler sa cigarette près de mon hublot.

– Tu rêves, petit ?

– J'aimerais tant être dehors.

– C'est ce que j'ai compris. Figure-toi qu'on rêve tous d'être dehors. Seulement…

– Seulement ?

– Seulement, faut que t'oublies tes histoires de remise de peine et compagnie. Là où tu vas, dis-toi bien que ce sont des choses qui n'existent pas ! Franek, il se fait des idées.

– Tu en sais quoi, toi ?

– Je le sais parce que j'ai étudié la question, figure-toi. La seule solution, c'est la cavale. Tant que t'as pas fait de bêtise, t'es pas tenu en laisse là-bas, alors tu finis par t'évader, c'est sûr. Surtout du camp de Saint-Jean-du-Maroni. L'appel le matin, la journée en forêt à faire des stères ou d'autres corvées. Retour au camp et l'après-midi, tu es libre ! Alors une nuit, tu fous le camp. Mais le lendemain matin, tu manques à l'appel. Et l'administration pénitentiaire se lance dans une chasse implacable après toi.

Un sourire anima le visage du Renard. Il serra les mâchoires, aspira une bouffée de cigarette.

– Les gaffes ne te lâchent plus, comme une meute de chiens derrière le sanglier. Si tu as de la chance, ils te laissent en vie, tu es repris, on t'envoie en cellule disciplinaire au camp de Saint-Laurent. Ou bien c'est la jungle qui te prend. Et un jour ou l'autre, tu y laisses ta peau.

Il me regardait avec de petits yeux malins.

– Sauf…

– Sauf ?

– Si tu es avec un gars qui connaît la jungle. Et là, Benjamin, tu es le roi !

– Mais toi, le Renard, tu connais la jungle ?

– Je connais la jungle mieux que quiconque ! Et tu vas venir avec moi.

Je l'interrompis :

– Je leur prouverai que je ne suis pas encore majeur et ils me renverront en France !

– Ne crois pas que ce soit si facile !

Le Renard jeta un coup d'œil circulaire dans la cage. Il montra les autres bagnards du doigt.

– Ils ont tous une bonne raison pour retourner chez eux. Tous ! Une lettre du maire de leur foutu village, des certificats de bonne conduite de leur trou du cul de député, leur dossier militaire avec citation pour bravoure au combat. De la paperasse d'archevêques et de notaires associés. Que du papier bien repassé qui ira remplir les tiroirs et les armoires déjà archipleines de l'administration pénitentiaire.

– Tu crois ?

– Je ne crois pas, j'en suis sûr ! La tentiaire adore les papiers, je te dis... Elle les classe, les range, les tamponne, les estampille, les archive. C'est tout ce qu'elle sait faire, d'ailleurs. Dans mille ans, tout ça fera le bonheur des archéologues ! On saura comment la France nous a traités !

Le ton du Renard montait.

– Et si tu veux te faire la belle, garçon, il ne faut compter que sur ton courage et t'appuyer sur un gars de confiance !

Il posa la main sur sa poitrine, d'un geste solennel.

– Et moi, petit, je te dois la protection.

Je hochai la tête.

– Il lui ressort son catéchisme, murmura Franek. Ce gars-là est un embobineur.

Le Renard ne l'entendit pas et continua :

– Moi, garçon, j'ai un plan solide comme le roc. Et je suis têtu ! Si tu veux, je t'emmènerai ! On s'évadera !

S'évader. J'imaginais mon retour à la maison. Ce serait tellement extraordinaire. J'irais d'abord au cimetière. J'avais des choses à dire à ma mère. D'abord m'excuser pour le mal que je lui avais fait, la peine et le chagrin qui l'avaient sûrement tuée.

Le Renard m'attrapa le poignet et me secoua vivement le bras.

– Si tu veux pas finir ta vie dans cet enfer, Benji, il faut que tu choisisses un vrai camarade. Tu ne peux pas rester isolé là où on va.

– Alors toi non plus…

– Tu as tout compris. À deux, nous serons les plus forts ! Et puis… j'ai promis à Scribouille de prendre soin de toi.

– C'est vrai ?

– Pourquoi je te mentirais ?

– Il était quoi, Scribouille ?

– Tu veux dire, avant tout ça ?

– Oui.

– Instituteur dans un petit village. Dans son pays, c'était l'équivalent de Dieu le père ! Il devait même se présenter à la mairie et aux cantonales quand tout est arrivé.

Il hocha la tête.

– Il aimait la musique, la peinture, la poésie. C'était un homme de lettres respectable, quelqu'un dont… une sensibilité à fleur de peau, je veux dire. En mémoire de lui, je me dois de devenir ton protecteur. Réfléchis bien, petit. Si tu veux te faire la belle, tu ne peux compter que sur moi ! Tu as beaucoup d'argent dans ton plan ?

Je répétai :
– Un plan ?
– Chaque bagnard a son plan, Benji. C'est un petit cylindre que tu t'enfonces dans le derrière pour le dissimuler lors des inspections et pour ne pas te le faire voler par les autres bagnards. Certains gars parviennent à bourrer leur plan de billets enroulés, il contient parfois les économies d'une vie.
– Je n'ai pas de plan, le Renard. Et pas d'argent non plus. Et toi ?
Il parut réfléchir.
– Si on te demande, tu diras que tu n'en sais rien et ça ira bien. Mais sache que sans argent, on ne survit pas à Juan-les-Pins. Tout s'achète, là-bas, même la bienveillance des gaffes. La vie y est tellement dure que sans pognon tu ne manges pas, tu ne vis pas…
Jalbert s'immisça dans la conversation :
– Sans argent, tu ne manges pas ?
– T'as le droit à ta ration quotidienne et pas plus ! Du singe, du pain, de l'eau, un bout de lard. Le tout pesé au gramme près !
– Je m'arrangerai bien sans argent, dis-je.
– Pas d'argent, tu meurs. Et pour en gagner, faudra te débrouiller. Pas de débrouille, pas d'argent, petit ! Crois-moi si tu veux !
Le Renard secoua la tête.
– Il faudra que tu apprennes à gagner ta vie, Benji. Sinon, tu devras te contenter des rations quotidiennes, c'est le Renard qui l'a dit, à peine

cent grammes de viande bouillie, soixante grammes de riz et une boule de pain. À ce rythme-là, tu tarderas pas à finir aux bambous ! Quant aux rations de lait, on n'en voit jamais la couleur. Les forçats infirmiers et brancardiers en font le trafic à l'hôpital de Saint-Laurent.

– À part lire et écrire, je ne sais rien faire de mes mains !

– Je t'apprendrai ! Il y a mille façons de gagner sa couenne au bagne. J'ai connu un gars qui organisait des combats de coqs. En moins de deux mois, il a gagné assez d'argent pour racheter toute l'Amérique du Sud ! Tu peux aussi te contenter de troquer ou de vendre des petites affaires. La moindre bricole trouve son acheteur au bagne. Et tu verras que l'argent n'a pas le même poids qu'au-dehors !

Ce matin-là, j'ouvris le hublot

Ce matin-là, j'ouvris le hublot pour rafraîchir l'air en fusion, mais c'est un vent brûlant qui pénétra la cage. Au loin, ponctuant l'horizon tremblotant, trois taches noires apparurent : les îles du Salut.

– L'île du Diable, s'exclama le Renard en montrant la plus petite.

– Il y a des forçats dessus ? demandai-je.

– Elle est réservée aux déportés politiques comme le capitaine Dreyfus. T'as entendu parler du capitaine Dreyfus, petit ?

– Mon père en parlait, à l'imprimerie. Mais c'est une vieille histoire, non ?

– Pour toi, peut-être. Moi, j'ai l'impression que c'était hier…

Au-delà, une barre noire surplombée de nuages barrait l'horizon. La Guyane et le petit village indien de Kourou.

– Terre, les gars ! Terre !

La Martinière se trouva bientôt à quelques encablures des îles du Salut. Plusieurs canots avaient quitté le petit port de l'île Royale et se dirigeaient vers nous. Vingt relégués furent désignés pour y descendre matériel et victuailles destinés à l'administration pénitentiaire des îles. Puis ce fut au tour des transportés qui allaient y finir leurs jours sur ces rochers battus par le vent du large et les tempêtes.

– L'air est meilleur sur les îles que sur le continent, dit le Renard en assistant au débarquement des transportés. Mais on ne s'en évade pas.

La sirène de *La Martinière* annonça le départ. Sur le petit port, quelques gardiens et leurs familles assistaient au spectacle qui brisait un peu la monotonie de leur vie quotidienne.

Le lendemain, à l'entrée du port de Cayenne, on baignait dans une fournaise à crever. Le vent ne daignait pas se lever et les surveillants nous avaient obligés à fermer les hublots. Affalés dans les hamacs, torse nu, on évitait tout mouvement qui nous aurait fait transpirer outre mesure. L'eau manquait. La soif tiraillait les malades. Les cages n'étaient plus qu'un long gémissement.

Franek avait ouvert son sac pour y prendre un paquet de tabac gris. Soudain, il se mit à fouiller furieusement à l'intérieur. Il renversa ses affaires sur le sol, les éparpilla d'un geste nerveux.

– Ma lettre ! fit-il d'une voix étranglée.

– Quoi, ta lettre ? demanda Lejonc.

– On m'a volé ma lettre du député !

Le silence se fit dans la cage. Franek scruta les regards autour de lui.

– J'espère que tu crois pas que ton voleur est parmi nous ? demanda le Renard.

– Ce que je vois, c'est que ma lettre, elle est plus là !

– C'est les gaffes qui te l'ont prise pendant la promenade. Ils fouillent chaque fois dans nos affaires pour trouver des armes. Tu le sais bien, vieux !

Franek hocha la tête. Puis il se laissa tomber à genoux.

Le maigre espoir de liberté qu'il entretenait depuis son départ s'évaporait d'un coup. Le Renard se rapprocha de moi :

– Tu crois que tu peux faire confiance à un gars comme ça ?

Bientôt, *La Martinière* s'engagea dans les eaux turbulentes et boueuses à l'embouchure de la Mana et du Maroni. La houle qui nous secouait depuis le départ de Cayenne le matin même avait cessé comme par miracle.

On approchait de Saint-Laurent, capitale du bagne, « le cloaque des cloaques ».

Le bateau-bagne s'immobilisa soudain.

– Banc de sable.

Les ordres furent donnés sur le pont.

– Machine arrière, toute !

Je me levai pour observer la terre à travers le hublot d'où provenait un maigre courant d'air tiède. Le vent de marée montante caressait le Maroni par ondes régulières. Des vaguelettes clapotaient sur la coque. Un pilote venu de Saint-Laurent en canot accosta le navire, échangea quelques mots avec le commandant et se dirigea à la proue pour l'aider à manœuvrer entre les bancs de sable, nombreux dans le lit du fleuve. J'emplis mes poumons de cet air que je respirais pour la première fois. Trois oiseaux jaunes criaillaient au-dessus de l'eau : « Ki ! Kiwi ! Ki ! Kiwi ! » *La Martinière* passa près d'une île. Un couple d'aras s'envola.

– C'est beau, fit remarquer Pique-Nouilles.

Les arômes de fleurs épanouies et de plantes se mêlaient dans mes narines. Je passai la tête par le hublot.

– Eh, petit ! Qu'est-ce que tu cherches… les sirènes, peut-être ?

C'était Santoni. Je lui répondis :

– Je regarde.

– Tu regardes quoi ?

– La forêt…

Santoni répliqua :

– T'oses pas le dire, petit, mais tu reluques les fesses des p'tites Négresses !

Un éclat de rire traversa la cage.

– Silence !

L'ordre venait d'en haut. Un surveillant-chef pointait son pistolet dans notre direction.

– Les gaffes sont nerveux, fit remarquer Lescoute. Il va falloir se tenir à carreau d'as!

Le navire s'approchait de la rive française à un endroit où les palétuviers de la mangrove plongeaient leurs racines aériennes dans les profondeurs boueuses. À cause de ces longues jambes étonnamment imbriquées les unes dans les autres, la forêt avait l'air d'une prison. Impénétrable.

– Comment on pourra s'évader de ce foutu bois?

– En pirogue ou en canot indien, expliqua le Renard. Cayenne, la ville la plus proche, se trouve à deux cent cinquante kilomètres. Pas la moindre piste pour y accéder, pas le moindre chemin. Et cinquante rivières à traverser.

– Il y a une différence entre les deux embarcations? demandai-je.

– La pirogue, tu ne peux pas la manœuvrer tout seul, petit. Même pas à deux. Elle pèse des tonnes! Et puis elle sert qu'à la rivière. Les Noirs marrons la taillent dans le tronc d'un seul arbre au bois très dur, plus lourd que du chêne. Tandis que le canot des Indiens galibis ressemble aux barques de nos régions.

– Tu connais bien la Guyane!

– J'ai été chercheur d'or! Et puis... j'ai été bagnard une première fois, moi aussi. Comme Scribouille.

Des cocotiers bordaient le fleuve et je pouvais apercevoir les bâtiments de l'administration pénitentiaire dans le lointain. Un canot indien croisa

La Martinière. Deux hommes et trois femmes à bord ainsi que des enfants. Ils étaient nus, à peau rouge, cheveux longs, et nous saluèrent.

– Ce sont des Galibis, expliqua le Renard. Des Indiens sans histoire. C'est eux que les surveillants paient pour chasser les gars en cavale. Tu imagines qu'ils connaissent la forêt, le fleuve et les criques mieux que personne.

La sirène de *La Martinière* interrompit les conversations. Le fleuve se resserrait et le navire piquait vers le ponton pour y accoster. Ça s'agita soudain sur le pont supérieur. Les ordres se mirent à pleuvoir.

– Fermez les hublots ! Les relégués sur le pont.

Les grilles s'ouvrirent. Le flot des prisonniers s'engouffra dans les entreponts sous les hurlements des gaffes. Je marmonnai :

– Pas facile de marcher après trois semaines de cale.

Je n'avais pas vu le chef embusqué sur ma gauche. L'homme leva la main sur moi.

– Silence, tas de merde !

Sa corde retomba tel un fouet, claquant entre mes omoplates. La douleur m'arracha un cri. Ma respiration se bloqua. J'armai le bras pour cogner. Le Renard s'interposa. Heureusement, le surveillant n'avait pas remarqué mon geste. Il frappait un peu au hasard, se vengeant de trois semaines de mer en compagnie d'une bande de fripouilles et de moins que rien. C'était sa façon de nous dire adieu et de nous souhaiter un bon séjour en Guyane.

– Faut jamais cogner un gaffe ! murmura le Renard. Si tu fais ça, c'est le cachot ou la guillotine qui t'attendent !

On descendit de l'appontement sous un soleil meurtrier. Mon dos s'embrasa soudain. Je serrai les dents. La vue brouillée par la sueur qui me dégoulinait dans les yeux, je ne distinguais pas grand-chose du comité d'accueil. J'essayai de ne pas perdre mes compagnons de cage. Je m'essuyai les paupières.

Sur la petite place, il y avait des familles entières, femmes en blanc armées d'ombrelles, Créoles, Noirs, Chinois, des enfants, de vieux bagnards... Tout ce beau monde venu là pour nous accueillir. Nous, les nouveaux. La relève. L'attraction du jour.

Les gaffes, alignés en rangs d'oignons, pointaient leurs fusils vers nous. Un surveillant-chef comptait les hommes qui passaient devant lui et reformait des groupes de dix.

– Attention, les gars, marmonna Franek, on calcule notre coup pour ne pas être séparés.

– Pour l'instant, ça n'a pas d'importance, dit le Renard. Toute façon, ils nous regrouperont après, pour le départ à Saint-Jean.

– Tu es sûr ? s'inquiéta Pique-Nouilles.

– Sûr. Tout se jouera à Saint-Jean. Là-bas, faudra plus se quitter d'une semelle. Faut qu'on soit dans la même case.

Je me sentais sale, j'étais affamé, la chaleur cognait plus fort que jamais, mais j'étais vivant.

La place était propre. Les bâtiments aux jardins parfaitement entretenus étaient entourés de murettes de briques rouges ajourées. Un perroquet aux ailes coupées trônait sur le guidon d'un vélo d'enfant. Une voiture passa dans la rue. Un air de musique créole enchantait l'atmosphère.

– Saint-Laurent-du-Maroni, nous voilà, soupira Pique-Nouilles.

– Ça a pas l'air si terrible, fit remarquer Jalbert.

– Silence dans les rangs !

Cette ville respirait une sérénité trompeuse. Un peu plus loin, un douanier lâcha :

– Admirez les dernières curiosités de notre belle France !

Cela mit Santoni en rage. Il se tourna vers le douanier et lui cracha au visage :

– Pauvre enculé !

Quatre soldats le flanquèrent par terre et le rouèrent de coups. Puis ils l'emmenèrent sur un brancard. On ne revit jamais Santoni.

On nous aligna devant les villas des surveillants pour un premier appel :

– Messieurs, répondez « Présent chef ! » à l'appel de vos noms !

Je grimaçai. Ma chemise trempée de sueur me brûlait là où le soldat m'avait frappé. Ça paraissait sérieux.

– Tu saignes, petit, demande à aller à l'hôpital.

Je hochai la tête. Le Renard me l'avait déconseillé. Surtout ne pas se faire repérer au début. Pour l'instant, tenir.

Je regrettai presque la froideur des cellules de la Citadelle. La chaleur de la Guyane était trop oppressante. Après l'appel, la troupe des surveillants armés nous amena jusqu'au camp de la Transportation à quelques centaines de mètres de là.

– Je ne comprends pas, s'étonna le Renard, l'air inquiet. On devrait nous emmener à Saint-Jean.

Il enfonça son bonnet jusqu'aux yeux malgré la fournaise et marcha la tête basse comme s'il craignait d'être reconnu. Le Renard avait-il des ennemis au camp de la transportation ?

– Le train est peut-être en panne, dit Lejonc.

– On nous emmène en train, là-bas ?

– Oui, répondit sèchement le Renard.

Le long du boulevard Malouët, le Maroni coulait tranquillement. Une pirogue de Noirs saramakas remontait le fleuve.

Il y avait des arbustes en fleurs partout : hibiscus, bougainvillées... des arbres au parfum envoûtant : les frangipaniers. Les arbres à pain arboraient leurs énormes fruits à la peau dorée d'où suintait une sève laiteuse. Quelques cocotiers tortueux, chargés de noix, rivalisaient avec les palmiers-bâches aux stipes droits et aux feuilles palmées. On aurait pu se croire dans une sorte de petit paradis s'il n'y avait eu cette chaleur étouffante et ces bagnards vêtus de treillis rayés de rouge, traînant leur misère dans les caniveaux, arrachant brin par brin, tels des automates, les herbes folles qui envahissaient les rues, détruisant les nids de guêpes et de fourmis qui s'approchaient dangereusement des habitations du personnel administratif.

Je trébuchai et manquai de m'écrouler.

– Tiens bon, petit ! dit une voix dans mon dos.

Le bagne

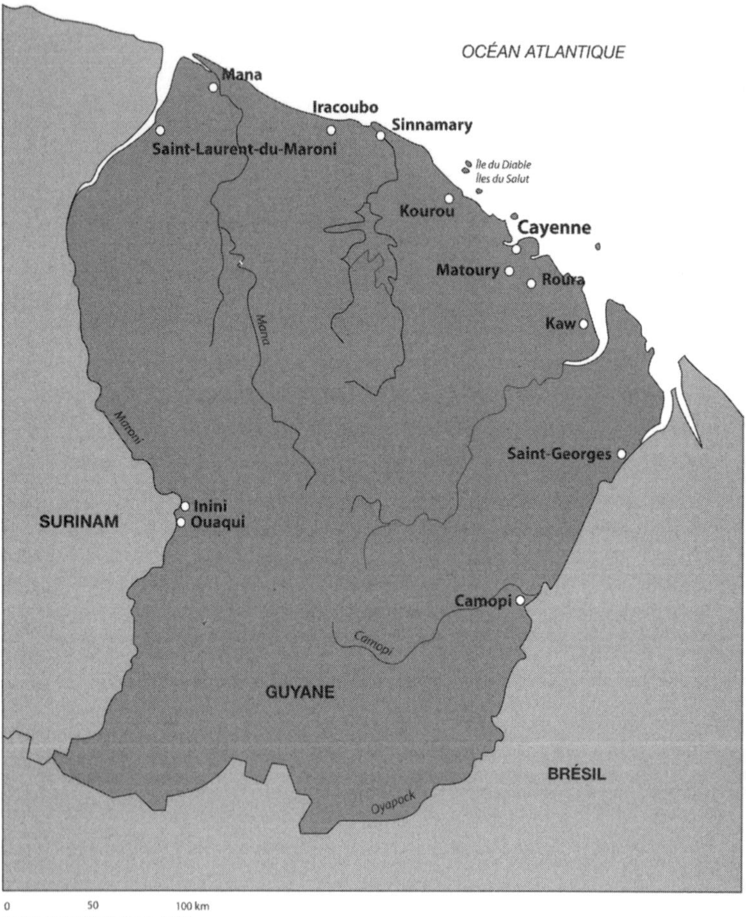
OCÉAN ATLANTIQUE
Mana
Iracoubo
Sinnamary
Saint-Laurent-du-Maroni
Île du Diable
Îles du Salut
Kourou
Cayenne
Matoury
Roura
Kaw
Mana
Maroni
Saint-Georges
Inini
Ouaqui
SURINAM
Camopi
Camopi
GUYANE
BRÉSIL
Oyapock
0
50
100 km

L'entrée du camp de Saint-Laurent

L'entrée du camp de Saint-Laurent n'avait pas de grille. Les anciens entraient et sortaient, au rythme des corvées. Sous les ordres d'un surveillant, trois porte-clefs nous fouillèrent, palpant les poches, les sacs. L'un d'eux, un Arabe émacié, s'attaqua à mon baluchon.

– Tu touches à ses affaires, lui dit le Renard, et tu es mort !

L'homme baissa la tête et s'éloigna sans demander son reste.

– Au suivant !

Je regardai le Renard avec admiration.

– Ces bagnards-là sont des enfants de putains, Benji. Des bagnards qui copulent avec l'administration. Ils n'ont aucun droit sur toi. Du moins, c'est ce que tu dois leur faire comprendre !

On passa le porche principal et on déboucha dans une vaste cour de terre battue. Sur la gauche, une grande case à étage abritant la bibliothèque et l'infirmerie. À droite, sa sœur jumelle, une case réservée aux porte-clefs. Une allée traversait le camp entouré d'un immense mur d'enceinte, d'un chemin de ronde et de miradors.

– C'est mieux qu'à la caserne ! s'exclama Jalbert. Ça manque juste un peu de femmes !

De chaque côté de l'allée, de grandes bâtisses numérotées où s'entassaient les forçats. Le quartier des premières classes, puis celui des troisièmes classes. Enfin, sur notre droite, le bâtiment abritant la salle d'anthropométrie, la cuisine et la chapelle.

– Où sont les cellules ? demanda Jalbert.

– De l'autre côté du mur, lui répondit le Renard. Il y a le quartier des transportés, celui des réclusionnaires. Et la prison… la prison du bagne. C'est-à-dire le bagne dans le bagne, si tu préfères.

Puis il tendit le bras, indiquant le sud.

– Et c'est là-bas qu'ils dressent la guillotine.

Les gaffes étaient partout, arme au poing, prêts à tirer. Le soleil faisait vibrer la terre battue de l'immense cour. L'air ondoyait, étourdissant. Une odeur de soupe se mêlait aux effluves des tinettes que transportaient les hommes de corvée.

Des vieux squelettiques, abandonnés de tous, accroupis, répétaient des appels sans fin, le regard tourné vers un soleil qui leur avait depuis longtemps grillé les yeux.

Un officier nous attendait, installé à l'ombre du bâtiment des cuisines. Derrière lui se tenait le sous-directeur du camp. Je levai les yeux. De petits singes noirs aux mains toutes jaunes couraient sur le mur d'enceinte et s'approchèrent du bord du toit.

– Messieurs les relégués, je suis le commandant Maldepoix. Sachez tout d'abord que vous n'êtes pas les bienvenus au camp de Saint-Laurent. Mais les circonstances nous obligent à supporter votre présence en ces lieux. Sachez qu'une rébellion a éclaté au camp de Saint-Jean. Deux surveillants ont été égorgés et dix-sept de vos camarades tués par balle. Le calme n'est pas encore revenu.

L'officier se tourna vers le directeur du camp qui lui fit un signe de la tête.

– Nos hommes fouillent actuellement chaque recoin de Saint-Jean pour l'en débarrasser des objets illicites : couteaux, sabres d'abattis[1], poinçons, limes. Voici pourquoi vous passerez votre première nuit ici. Sachez que le tribunal maritime spécial se réunira d'urgence et de façon exceptionnelle demain dans la matinée. Sachez que la guillotine coupera bientôt des têtes de relégués.

– Ils disent ça pour nous intimider, fit une voix dans le rang.

– Vous serez donc consignés jusqu'à demain dans le blockhaus numéro quatre. Nous avons réparti ses occupants dans les autres blockhaus et

1. Terrain déboisé où l'on pratique la culture sur brûlis.

dans les cellules actuellement vacantes pour vous laisser la place. À l'aube, sachez que vous passerez les visites de rigueur.

– À vos ordres, monsieur Sachez ! balbutia Jalbert.

Un rire étouffé parcourut les rangs.

– Vous serez emmenés à la salle d'anthropométrie pour y percevoir votre tenue et votre matricule. Vous verrez le médecin-major pour les observations anthropométriques et autres renseignements descriptifs concernant vos petites personnes. Vous recevrez des vêtements puis vous rejoindrez le camp de Saint-Jean par le train pour y exécuter votre peine ! Le surveillant-chef Bartoli, à ma droite, sera votre guide. Rompez !

Le surveillant-chef appela plusieurs gaffes qui divisèrent le groupe des trois cents relégués en sections. Bartoli gueula ensuite ses ordres.

Je marchai dans le troupeau sous le regard et les quolibets d'anciens qui devaient être un peu simples d'esprit.

Soudain, un homme tomba devant moi. Coup de chaleur. Lescoute et un autre se penchèrent et le prirent sous les bras.

– Il pèse un âne mort, constata Lescoute.

À deux, ils parvinrent à peine à le relever tellement ils étaient usés par le séjour à Saint-Martin et la traversée de l'Atlantique. Hernandez s'approcha. Il gifla le pauvre bougre pour le réveiller.

Le gaffe appela trois porte-clefs assis au pied d'un escalier :

– Ramassez-moi cette merde !
– On l'emmène où, chef ?
– Au cachot !
Puis on nous enferma dans une grande salle aux fenêtres bardées de robustes barreaux fraîchement repeints.
Les verrous claquèrent.

La nuit tomba d'un coup. On n'avait toujours rien mangé. J'étais mal. Mon dos me brûlait. Les mouches et les moustiques vrombissaient à mes oreilles. Les piqûres des puces et des punaises me dévoraient les chevilles. Ne pas se gratter…
Soudain, un porte-clefs fouilla la serrure.
– À la soupe ! dit-il avec un accent du Midi.
Quatre hommes de plats apportèrent le repas : une boule de pain et une ration de singe flottant dans une gamelle de soupe. J'avalai goulûment ma part. Jalbert découvrit un ver flottant dans son quart. Un beau ver bien gras, genre larve géante de hanneton. Cela fit rire tout le monde.
On parlait peu dans le blockhaus. Des gars chialaient. Quand je m'allongeai sur le bat-flanc, une douleur aiguë me transperça le dos. Un cafard passa entre mes jambes et courut se dissimuler sous le sac de Jalbert. Je jetai un coup d'œil vers le fond de la salle, vers les latrines, ce trou commun et insalubre d'où s'échappait en permanence une puanteur insupportable.

– Première nuit au bagne, marmonna Lejonc en se tapant sur la cuisse pour écraser un moustique.

Je m'allongeai sur le côté mais je ne parvins pas à m'endormir. Mon dos me faisait trop mal et je devais chasser les blattes attirées par la plaie.

Parfois, un cri de folie ou de désespoir me transperçait le cœur.

Au-dehors, l'air vibrait du chant des grenouilles : « Ouiii, ouiii ! Ouiiii, ouiii ! » et du « Groooaak ! » des crapauds-bœufs. Des chants ou des musiques créoles traversaient le fleuve. Ils venaient d'Albina, de la Hollande si proche et pourtant inaccessible.

À minuit, Franek se leva. Il était malade et la colique le rendait incapable de garder son plan. Au cours du repas, il s'était arrangé avec Jalbert qui le lui prendrait dès le lendemain matin pour le mettre à l'abri des convoitises. Mais deux autres relégués avaient entendu leur conversation. Ils le rejoignirent discrètement dans l'intention de lui soustraire ses économies. Malgré ma faiblesse, je me levai pour lui porter secours mais le Renard fut plus rapide que moi. Il sortit un couteau de la jambe de son pantalon et l'appuya bien fort sur le cou de l'un des agresseurs.

– La prochaine fois, je te crève !

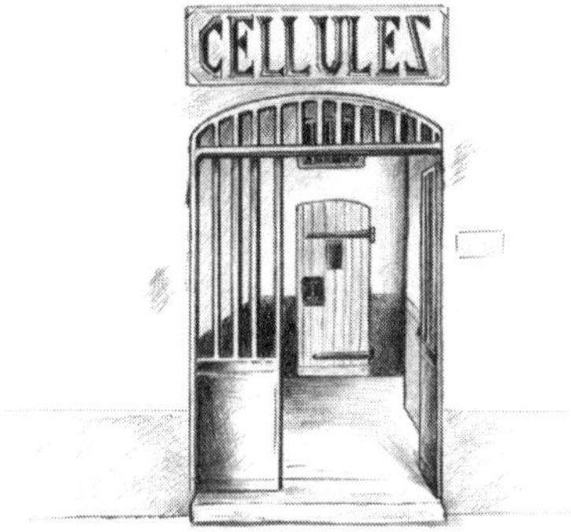

Le cliquetis des clés dans les serrures

Le cliquetis des clés dans les serrures me réveilla. Il faisait encore nuit. Je m'assis sur le bat-flanc, me palpai le ventre et les épaules, comme étonné d'être toujours vivant.

La chaleur de la veille avait laissé place à une douce fraîcheur que les premiers rayons du soleil s'acharneraient bien vite à chasser.

Un porte-clefs entra dans le blockhaus.

– Debout, là-dedans ! C'est l'heure !

– L'heure de quoi ? grogna Lescoute en se passant la main dans les cheveux.

– L'heure de l'appel, s'exclama le porte-clefs. Tu crois peut-être qu'on va te changer tes habitudes de la Citadelle ?

– L'appel ! répéta Franek.

– Bientôt, tu te réveilleras tout seul, lui dit le Renard en enfilant son pantalon. Parce qu'avec leurs appels, leurs trucs et leurs machins, ils auront réussi à te transformer en mécanique avec une horloge dans la tête. Lever cinq heures. Travail de cinq heures trente à dix heures trente...

– J'aime pas quand tu nous sors ta science, rétorqua Franek.

Un éclat de rire traversa le blockhaus.

On se dirigea vers la grande cour, encadrés par les gardes-chiourme.

– Répondez présent à l'appel de votre nom !

– Karaoui !

– Présent, chef !

– Briswalter !

– Présent !

– Friboulet !

– Présent !

Après le petit-déjeuner, des gaffes accompagnés d'une section de porte-clefs nous emmenèrent à l'habillement. Une rumeur faisait le tour du pénitencier. Nous apprîmes la nouvelle en nous rendant à l'habillement : cinq forçats s'étaient évadés durant la nuit. L'un d'entre eux avait été retrouvé sur la berge du fleuve, en face de l'île aux Lépreux, à genoux dans le sable. Les quatre autres avaient disparu.

– Si on peut s'enfuir de cette prison, c'est plutôt encourageant pour nous, les relégués ! s'exclama Pique-Nouilles.

Devant la porte de la salle d'anthropométrie, des tables avaient été installées. Plusieurs bagnards s'apprêtaient à nous distribuer nos effets.

Le chef Bartoli dirigeait le troupeau.

– Messieurs, ôtez vos vêtements !

On se retrouva nus, en file indienne, moi entre Franek et le Renard. J'essayai de me dire qu'on était faits pareils mais la honte me submergeait.

– Ta blessure est pas belle, remarqua Franek.

– C'est comment ?

– La peau est boursouflée et pleine de pus. Il faut te faire soigner, petit.

– Si tu te soignes pas, tu vas crever, mon gars, ajouta une voix. Le climat de ce foutu pays ne pardonne pas !

Je passai à mon tour devant la table du magasinier, un forçat à l'oreille coupée. Il me saisit la main et la caressa.

– Prends ton paquetage, matricule 48 208 !

– Matricule 48 208, c'est ton nouveau nom, souffla un gars.

J'enfournai mes parures dans mon sac de toile : un pantalon de toile et une vareuse aux rayures rouges et blanches, un chapeau, des sandales et des sabots.

– Tu vas faire fureur à Saint-Jean, mon mignon.

Je continuai d'avancer. Lescoute marmonna :

– Et voilà, pour ces bouffe-merdaille, on n'est plus que des numéros.

– Le mien, je le retiendrai jamais ! fit Jalbert.

– T'es le combien ? lui demanda Lescoute.

– 48 222.

– Il est facile comme tout, ton matricule ! Le mien, c'est de la merde en boîte. 48 239, les salauds !

– Je ne vois pas ce qu'il a de plus difficile, fit un gardien. Et t'as toute ta vie pour l'apprendre !

Franek regarda sa manche et lut à haute voix le chiffre imprimé à l'encre grasse. 48 751.

– On est marqués comme des porcs.

– Quoi de plus normal, on nous conduit tout droit à l'abattoir ! s'exclama Pique-Nouilles.

– Toute façon, fit remarquer Lescoute, à force de les voir inscrits sur nos vareuses en gros chiffres noirs par-devant et par-derrière, on finira bien par les retenir, nos numéros.

– Entrez dans la salle anthropométrique, messieurs les relégués, siffla un chef.

– Anthropométrique... C'est quoi, ce nom barbare ? demanda Lejonc.

Dans la salle aux murs blancs, le médecin-major et quatre bagnards-infirmiers nous attendaient. Pied à coulisse, toise, appareil photo... instruments de mesures.

– Ton nom ?

– Franek...

– Franek ? s'étonna le bagnard-infirmier. Tu serais pas le fils à Franek, le Normand ?

– C'est moi. Mon père...

– Il est mort pas plus tard que la semaine dernière. Je l'ai moi-même mené aux bambous. Un brave type mais qu'était pas fait pour cette vie-là.

– Un brave type, répéta Franek l'air ahuri.

La Guyane avait vengé sa mère. Franek soupira.

Je me présentai. Je me laissai toiser, mesurer, palper. L'infirmier me souleva les bras, scruta mes aisselles à la recherche de tatouages, de cicatrices, de taches de naissance. On me prit les empreintes digitales des dix doigts. On me photographia de face, de profil. L'odeur du flash empuantissait l'atmosphère.

Je fermai les yeux.

Je fis à peine attention à la litanie des chiffres et des descriptions que le médecin communiquait à son secrétaire :

– Taille, 1,755. Envergure : 1,81. Buste : 90. Oreille droite : 6,5. Traits caractéristiques : nez légèrement busqué, cheveux blonds.

– Au suivant !

– Ton nom ?

– Tu as un sobriquet ?

– Lève le bras droit ! Le gauche !

– Taille : 1,59.

– Oreille droite : 4,75.

Ce fut au tour de Pique-Nouilles.

– Pose tes lorgnons sur la table ! ordonna le bagnard-infirmier.

Pique-Nouilles s'exécuta. Il demanda :

– À quoi vous servent toutes ces mesures ?

Le médecin toussota. Il tenait la fiche anthropométrique de Pique-Nouilles entre le pouce et l'index de la main droite. Il l'agita devant lui comme un éventail.

– Cette fiche n'a qu'un objectif fondamentalement pragmatique ! Prenons un exemple :

vous vous enfuyez ce soir. Dès demain, après l'appel, nous envoyons votre signalement aux autorités compétentes qui ne tarderont pas à vous capturer et à vous réexpédier chez nous.

Le médecin alluma une pipe. Le parfum du tabac grillé flotta autour de son visage rondouillard. C'était du tabac de luxe, de celui qu'on faisait venir de Hollande par commande spéciale.

– Pas plus tard qu'hier, deux chasseurs de primes m'ont ramené un corps en piteux état. Un pauvre garçon qui avait succombé à la piqûre d'un crotale. Sa dépouille a dû séjourner deux, voire trois semaines dans la brousse et le cadavre grouillait de vermine.

Il eut un grand sourire et ajouta :

– Sa propre mère ne l'aurait pas reconnu. Je l'ai fait traîner à l'infirmerie. Eh bien, grâce aux fiches anthropométriques, il nous a fallu moins de deux minutes pour mettre un nom et un matricule dessus.

Pique-Nouilles baissa les yeux. Ses mains tremblaient. Le médecin rit de bon cœur.

– Au suivant!

À midi, notre convoi traversa les rues

À midi, notre convoi traversa les rues de Saint-Laurent jusqu'à la cahute qui portait le nom de gare. Le train pour Saint-Jean attendait. La chaudière, alimentée par un forçat, crachait régulièrement un panache de fumée noire. On nous entassa sur les plates-formes des wagons à ciel ouvert.

Le train parcourut la ville puis s'engagea entre les champs de cannes à sucre et longea des prairies où paissaient des buffles efflanqués. Enfin on pénétra dans la jungle, une cathédrale végétale de lianes enchevêtrées, de racines aériennes et de plantes parasites aux feuilles d'arabesques. Nous passâmes sur le pont de la crique Balaté. Une bande de singes-écureuils dansa quelques instants au-dessus de nous, sautant de branche en branche. Certains portaient leurs petits sur le dos.

Et soudain, les bâtiments de la relégation surgirent de la forêt.

À l'entrée du camp, une section de tirailleurs sénégalais, baïonnette au canon, nous attendait.

– Quel accueil !

– Les gaffes sont sur les dents depuis cette rébellion, dit un homme. On arrive au pays des fortes têtes, rappelez-vous !

– C'est maintenant qu'il faut plus se séparer, recommanda le Renard.

Son regard croisa tour à tour ceux de Lescoute, Hernandez, Pique-Nouilles, Franek, Jalbert et les autres.

– Après l'appel, les gaffes vont former des groupes.

On pénétra dans le camp sous les quolibets d'anciens. Les insultes pleuvaient aussi à l'intention des surveillants qui avaient été obligés de faire appel à l'armée stationnée à Cayenne pour mater les révoltés.

Il y avait des relégués partout. Certains fumaient tranquillement leur cigarette en regardant passer le convoi. D'autres jouaient aux cartes. Les tirailleurs sénégalais semblaient nerveux. Ils nous encadraient, effleurant presque nos vêtements de la pointe de leurs baïonnettes.

La cloche sonna.

Plusieurs surveillants aux uniformes impeccables traversèrent alors la grande cour centrale. L'un d'eux siffla trois fois. Les anciens se rassemblèrent en maugréant.

Nous, on forma des rangs au centre de la cour. Un géant noir sortit du groupe des surveillants.

– C'est Nègre-Kongo ! murmura un homme derrière moi. Ce salaud, il a fait trois mois à l'île Royale comme surveillant de deuxième classe. Une nuit qu'il était de ronde, il a refroidi à bout portant un ancien et son môme qu'il avait surpris dans le même lit... Une fois morts, il leur a lu un passage de l'Évangile. Il a été muté ici pour maintenir l'ordre.

– C'est un dur, ajouta le Renard.

L'homme ouvrit un cahier et commença l'appel :

– Matricule 43 256 !

– Présent, chef !

– Matricule 36 987 !

– Présent, chef !

On nous affecta dans la case la plus proche du Maroni, déjà occupée par une quinzaine d'anciens.

– On sera bien ici, fit remarquer Pique-Nouilles. Cette case est exposée aux alizés.

– Ouais ! Vous pourrez profiter du vent des marées qui rafraîchit parfois l'atmosphère, fit un homme du nom de Mazoyer.

– On sera surtout près du Maroni, dit le Renard. Moi, c'est par là que je vais m'évader.

– T'évader ? Mon cul ! lança un gars. Faut avoir des couilles pour ça !

Le Renard ne répondit pas à la provocation. Il posa son sac sur l'emplacement qu'il s'était choisi. Je m'installai contre le mur pour avoir un seul voisin. J'étalai ma couverture sur le bat-flanc et posai mon sac dessus. Mon dos ne me faisait plus souffrir mais je savais que la fièvre était en train de me gagner. Sur ma gauche se trouvaient le Renard, Jalbert, Franek et Lescoute. En face, un Arabe. Plus loin, Picard, Lejonc, Hernandez et Pique-Nouilles.

Jalbert se plaça face à l'Arabe qui déballait ses affaires.

– On ne veut pas de crouille avec nous.

L'homme releva la tête.

– Laisse, fit le Renard. Je connais ce gars-là. C'est le dénommé Ben Salam.

– Tu lui es redevable ? demanda Franek.

– C'est plutôt lui qui a une dette envers moi. Et le jour où on aura besoin de ses services, il ne pourra pas dire non. Pas vrai, Ben Salam ?

– C'est vrai, chef !

Pique-Nouilles essuyait ses lunettes avec le pan de sa vareuse. Mais elles étaient encore plus sales et grasses après le nettoyage. Il ronchonna et regarda Jalbert, les paupières plissées.

– Et pourquoi tu ne dormirais pas en face d'un Mahométan ? Hein, Jalbert ? Tu as peur qu'il te convertisse ?

– Je comprends jamais rien à ton charabia, Pique-Nouilles, s'énerva Jalbert.

Lescoute s'en mêla :

– En tout cas, l'Arabe, qu'il nous fasse pas chier avec ses prières…

Le Renard haussa le ton :

– L'Arabe, comme tu dis, il reste avec nous !

La nuit tomba vers six heures. Après la soupe, des groupes se formèrent autour de ceux qui possédaient des jeux de cartes. Les chandelles s'allumèrent tandis qu'un bagnard surveillait les allées et venues des gaffes dans la grande cour. Ce soir-là, Lescoute avait été désigné pour faire le guet.

– Les gaffes font la fête ! s'exclama-t-il.

– Ouais, lâcha un ancien. C'est comme ça tous les soirs. Ils boivent le ti'punch et après, ils rentrent chez eux.

– Ils ont des femmes ? demandai-je.

– Certains. Et les drôlesses, elles attendent leur mari toute la journée avec la peur au ventre, quelquefois qu'un pied-de-biche ait l'intention de leur rendre une petite visite.

– Ça arrive ?

– C'est arrivé dans le temps, qu'est-ce que tu crois !

Je me levai et regardai par la porte. Les surveillants avaient sorti une grande table et ils buvaient en entonnant des chansons de corps de garde.

– Et les Sénégalais ?

– Ils sont repartis à Cayenne. La vie reprend son cours normal, ici !

– Juan-les-Pins, marmonna Jalbert. Si on se tient à carreau, ça a pas l'air d'être l'enfer…

– Tu verras, fit un ancien. Tu verras !

Je sortis de ma poche un papier que j'avais ramassé dans la cour et le dépliai. Il s'agissait d'une lettre officielle, bardée de tampons de l'administration pénitentiaire.

Le commandant Maldepoix
à monsieur le commandant du camp de Saint-Jean

Saint-Laurent, le 23 janvier 1924

Monsieur,

J'ai l'honneur d'accuser réception de votre rapport n° 324, concernant les conséquences de l'intervention du détachement de Sénégalais et l'efficacité de vos hommes pour réduire à néant les fortes têtes ayant entraîné la mutinerie générale du camp de Saint-Jean. Dans ce rapport, je vous cite, vous vous dites « désolé de la mort de plusieurs relégués ».

Ne le soyez donc pas !

Je vous demanderai même de féliciter les surveillants et surveillants-chefs qui se sont conduits en véritables soldats et n'ont pas hésité à user de leurs armes pour éradiquer la vérole qui s'était abattue sur votre camp.

La Justice envoie au bagne ce qu'elle racle de plus taré dans les rangs des criminels et des fripouilles de notre pays, afin que leur piètre existence soit au moins utile à quelque chose.

Or le développement des colonies ne doit pas se faire sur le décompte de ces vies humaines perdues, mais plutôt sur le rendement effectif constaté dans l'amélioration de notre quotidien et de l'enrichissement de notre nation. Ne laissons pas ces brebis galeuses égarer le troupeau. Ne les épargnons pas. La France n'a pas hésité à verser le sang de ses soldats. Pourquoi la France hésiterait-elle à sacrifier ces sous-hommes que sont les bagnards ?

Monsieur, vous n'avez fait que votre devoir.

Commandant Maldepoix

D'une main tremblante, je chiffonnai de nouveau la lettre. Comment s'était-elle retrouvée au milieu de la cour ? Pourquoi étais-je le seul à l'avoir remarquée ? Je pensai à un signe du destin. Cette lettre m'intimait l'ordre de fuir cette fange qui s'exercerait à me réduire en charpie humaine.

Le deuxième jour se passa sans histoires

Le deuxième jour se passa sans histoires.

On entrait et on sortait de la case sans être inquiétés, les tâches ne nous avaient pas encore été distribuées. Le Renard et moi, on faisait des aller-retour entre la case et la rive du Maroni. Chaque fois, on repérait les passages les plus abrités, les bouquets d'arbres, les bosquets de papayers et de bananiers derrière lesquels on pourrait se dissimuler.

Mais bientôt, j'allai m'allonger dans la case, épuisé par la fièvre. Picard me prodigua quelques soins, toutefois la plaie suintait en permanence et les mouches tournaient autour de l'entaille purulente. Malgré ma fatigue, j'observais mes nouveaux camarades de case avec curiosité. Qui étaient-ils ?

Depuis combien de temps vivaient-ils là ? Une douleur fulgurante me traversa le dos. Je me retournai et je découvris l'un des anciens qui faisait sécher des papillons bleus.

En fin de matinée, les autres regagnèrent la case avec un ancien que je n'avais encore jamais vu. C'était un authentique colosse.

– Je m'appelle Gabriel Ferrandière, les nouveaux. Je suis votre gardien de case.

Les cheveux gris, coupés au bol, formaient un casque sur sa tête. Il avait des joues rebondies, rosâtres, et de petits yeux verts enfoncés dans les orbites.

– T'es quoi, dans le civil ? l'interrogea Franek.

– Maçon.

– Et comment tu t'es retrouvé chef de baraque, dis voir ?

– Ça, je crois bien que c'est à cause de son gabarit, fit Jalbert.

À côté de Gabriel Ferrandière, Jalbert paraissait rachitique.

Franek lança :

– T'es sûr que t'as pas demandé à être chef ?

– J'ai pas demandé alors je veux pas qu'on m'emmerde à cause de ça. Je suis pas un lèche-cul comme certains porte-clefs de Saint-Laurent. J'ai pas d'avantages à être chef de case. Je récolterai que des emmerdes si vous faites les marioles. Mais ça n'arrivera pas. Ici, on est que des tranquilles. Hein les gars ?

Les anciens hochèrent la tête.

Ferrandière avait malgré tout des intérêts dans sa fonction. Il avait installé son petit commerce à l'entrée de la case : une malle qui fermait à clé et dans laquelle se trouvaient du café, du tabac quand il y en avait, de l'huile, du poivre, des boîtes de sardines. Le matin, il servait le café et il revendait le rabiot trois sous le quart aux relégués qui dépensaient leur maigre salaire pour améliorer un peu l'ordinaire.

L'homme releva le menton pour désigner les autres baraquements.

– Ailleurs, c'est un fichu bordel. Les gars se volent les uns les autres. Il y a des bagarres. Des meurtres. La semaine passée, ça a tourné à l'insurrection. Et qui dit insurrection dit répression immédiate. Il y a eu des morts !

– On sait.

– Chez moi, pas de ça.

– T'as bien un vice ? lui demanda Lejonc en rigolant. Sinon tu te serais pas retrouvé à Juan-les-Pins !

Gabriel Ferrandière leva la main. Un mégot fumait au bout de ses doigts. Un sourire malin s'afficha sur son visage.

– Mon vice à moi, c'est la clope. Quand j'en ai plus, je deviens plus féroce qu'une bande de pakiras en colère. Alors en cas de pénurie, je ne refuse pas qu'on m'en offre. Parce que si j'ai rien à fumer, gare à celui qui se trouve sur mon passage.

– C'est à cause de la cigarette que tu t'es retrouvé ici ? s'étonna Lescoute.

– Oui. Pendant la guerre, j'ai assommé mon capitaine pour un paquet de gris. Un officier trois barrettes ! Tu vois ça !

– Faut pas vous inquiéter, ajouta un homme dans le fond de la case. Quand il y a plus de tabac, Ferrandière roule des feuilles séchées. Il les récolte sur les papayers qui poussent devant les baraquements.

Lescoute se rapprocha du chef de case.

– Alors t'as fait la guerre ?

– Comme tout le monde, non ?

– Ça dépend. T'étais où ?

– J'étais à Chavonne en août 17 et j'ai été gazé. Je suis resté plusieurs jours entre la vie et la mort. En me réveillant, j'avais tout oublié : qui j'étais, mes parents, ma famille, mon pays. J'ai réintégré le régiment. Puis il y a eu cette histoire avec mon capitaine. C'est tout ce que je me souviens.

Le soir même, les habitudes étaient reprises. Dans la case, il y avait ceux qui jouaient à la marseillaise, ceux qui discutaient à bâtons rompus, racontant leurs projets de cavale.

D'autres fumaient leur cigarette, assis devant la porte, écoutant le chant des grenouilles et des crapauds.

Un vent léger se leva, cueillant dans la jungle des vapeurs de bois de rose et de cèdre. Des rires de femmes et des cris d'enfants me parvinrent.

De longues pirogues bonis avaient accosté au ponton de Saint-Jean en fin d'après-midi et les familles remontant le fleuve jusqu'à Maripasoula avaient eu l'autorisation de passer la nuit ici.

– Ces sauvages ne naviguent jamais après le coucher du soleil, expliqua Ferrandière.

– C'est normal, tu ne crois pas ? demanda Lejonc. Ce fleuve est plein de rochers et de rapides.

– Ils craignent surtout les esprits de la nuit, lui rétorqua Ferrandière.

Je n'avais rien avalé depuis la veille. Je ne me sentais pas bien, alors je m'allongeai sur la couverture et m'endormis.

Le lendemain matin, vers onze heures, je commençai à délirer. Après l'appel du matin, j'étais retourné me coucher dans la case. Pique-Nouilles se précipita vers moi.

– Il faut soigner le petit ! Il a la fièvre !

Gabriel Ferrandière répliqua :

– On est mardi et le médecin-major ne vient que le lundi, pour la visite.

– Il faut l'emmener à l'infirmerie.

– C'est mal vu, ici. Surtout pour des nouveaux. Il y a tellement de gars qui simulent pour se retrouver planqués à l'infirmerie que tu risques de te retrouver au trou, même si tu es prêt à passer l'arme à gauche !

– On va pas le laisser crever, non ?

– Picard est infirmier, fit le Renard en s'adressant à Pique-Nouilles. Il a déjà soigné des gars, sur *La Martinière*. Va le chercher !

Quand Pique-Nouilles sortit de la case, une main noire se referma sur son épaule. Il se retourna d'un coup.

– Où tu vas ? lui demanda Nègre-Kongo.

– Je cherche un collègue, chef !

– Tu n'es pas de corvée ?

– Si, justement ! Et faut pas que je traîne !

– C'est bon, dépêche-toi !

Picard se retrouva très vite à mon chevet. Il posa la main sur mon front bouillant, me prit le pouls. Le Renard lança :

– Alors ?

– J'ai de quoi faire tomber la fièvre.

Il souleva ma chemise. La plaie suintait. De minuscules fourmis rouges formaient une auréole autour des boursouflures et une mouche avait pondu son chapelet d'œufs au cœur de la blessure. Picard hocha la tête.

– Il me faut du savon.

– On n'a pas encore touché notre ration. Demande à Ferrandière.

Picard releva la tête.

– Pique-Nouilles, va dans la case d'en face. Il y a un dénommé Louis qui soigne son pian[1] avec de l'écorce d'arawone. C'est un remède indien. Demande-lui-en un peu. On le paiera. Je vais faire un emplâtre. Le petit est jeune. Il s'en sortira…

1. Une maladie de peau.

Dans le fond de la case, un gars grattait les cordes de sa guitare. J'accrochai mon attention au son mélodieux qui coulait dans l'air saturé de chaleur. Il faisait chaud et pourtant, je grelottais. Un froid intense m'avait pénétré et refusait de me lâcher. J'avalai le fond du quart d'eau dans lequel Picard avait dissous une poudre blanche.

– Avant de l'opérer, faudrait lui faire avaler du tafia[1] ! suggéra Jalbert.

Le Renard releva la tête.

– Qui a une burette, ici ?

Je m'allongeai sur le ventre et fermai les yeux. Picard présenta la pointe de son couteau sous la flamme d'une bougie et la brûla longuement. Puis il incisa la plaie. Je serrai les dents et retins un cri.

Enfin, il appliqua la poudre d'écorce.

Je connus des nuits frissonnantes, des jours de fatigue où je pouvais à peine ouvrir les yeux. Quand ils avaient fini la corvée, les gars montaient la garde près de moi, à tour de rôle. Nègre-Kongo me rendit visite. Il avait accepté que je me repose et manque ainsi à l'appel. Il dit une prière pour moi.

Puis je remontai doucement la pente.

Un matin, un vent frais pénétra la case. J'ouvris les yeux, pris appui sur le bois du bat-flanc.

1. Rhum.

Les autres dormaient encore. Le Renard ronflait. Son visage touchait presque le mien. Au loin, l'orage grondait. Des éclairs blanchâtres lézardaient le ciel de plomb.

Je me levai. Je fis quelques pas sur mes jambes flageolantes. J'étais guéri.

Je sortis de la case pour la première fois.

À l'aube, la cloche sonna. Nègre-Kongo procéda rapidement à l'appel et nous ordonna de passer la matinée dans nos cases respectives. Tout le camp était consigné. Pas de sortie, pas de travaux. La veille, quatre gaffes et six relégués s'étaient abrités sous un arbre que la foudre avait frappé au cœur. Ils étaient morts sous les yeux du directeur de Saint-Jean.

Après l'appel, Picard s'approcha de moi.

– Tu es guéri, garçon.

– Picard ! Je ne sais pas comment te remercier...

– Tu ne me dois rien, j'ai fait mon devoir ! Remercie plutôt les sauvages qui connaissent les plantes médicinales.

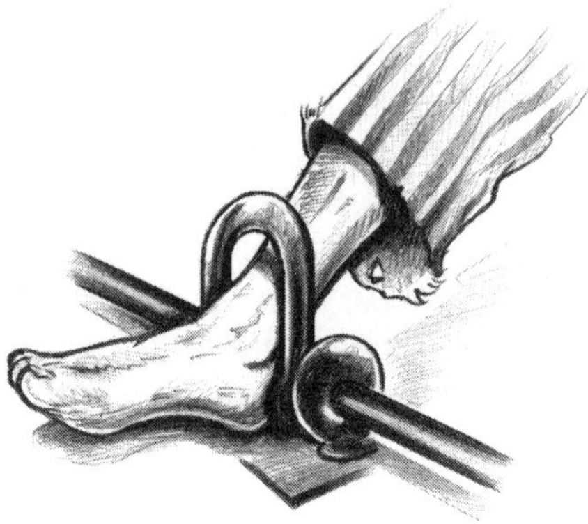

Nous fûmes affectés à la restauration

Nous fûmes affectés à la restauration de la voie de chemin de fer qu'un glissement de terrain avait emportée, entre Saint-Jean et la crique Balaté. Le travail était pénible. Nous devions porter de lourdes charges : sacs de sable et de pierres que nous remontions sur notre dos depuis la plage du Maroni.

Et puis un matin, Nègre-Kongo entra dans la case en tenue de brousse, l'arme à la ceinture.

– Hernandez le menuisier !

– Présent !

– C'est donc toi ? s'étonna-t-il en détaillant Hernandez de la tête aux pieds.

Il s'approcha, palpa les joues de l'Espagnol.

– On m'a dit que tu étais malade. Tu n'es pas malade, au moins ?

– Non, chef !

– Alors trouve deux camarades en vitesse.
– Pour faire quoi ?
Le Renard me fit un signe. Je compris aussitôt. C'était pour nous l'occasion rêvée de faire un tour dans la jungle et de repérer les lieux pour notre cavale.
– Je vous emmène en forêt, les gars. Corvée de pont !
– Corvée de pont, maugréa Hernandez. Ça veut dire quoi ?
– Ça veut dire qu'on va en chier ! s'exclama le Renard. Mais un peu d'exercice nous fera du bien. Et puis j'ai hâte de goûter enfin aux joies de la brousse.
– Il y a des outils, au moins ? demanda Hernandez.
– Tout ce qu'il faut. Et c'est déjà sur place. Vous vous chargerez seulement d'une hache chacun. C'est de bras que j'ai besoin !
On quitta le camp en direction du sud. Nègre-Kongo marchait devant, sabre en main.
On pénétra dans la forêt par le chemin des Boshs. Une fois sous le couvert des grands arbres, Nègre-Kongo se signa et prononça une courte prière à voix basse. Puis il se retourna et dit sur un ton monocorde, comme s'il récitait sa leçon :
– Attention où vous posez le pied. Chaque feuille, chaque branche, chaque souche, peut dissimuler un nid de grages[1] ! Ne parlez pas trop fort, les pakiras n'aiment pas qu'on les dérange

1. Crotalidés.

dans leur sommeil ! Ne sifflez pas, les singes croiraient que vous vous moquez d'eux et leur vengeance est sans pareille !

Je souris. Le Renard hocha la tête. L'homme croyait aux esprits malfaisants de la forêt.

Nègre-Kongo regardait le sol, scrutant chaque termitière, s'écartant des troncs creux de bois-canon tombés à terre.

– Fourmi-manioc ! s'écria Nègre-Kongo tout à coup.

Un rayon de soleil perça les frondaisons éclairant la colonie d'insectes aux mandibules acérées qui rapportaient leur butin de feuilles découpées dans la fourmilière. On s'écarta pour éviter de marcher sur les milliers d'ouvrières à la morsure cuisante. Quand elles plantaient leurs mâchoires dans la chair, elles ne la lâchaient plus.

La sueur me coulait dans le dos. J'ôtai ma veste crasseuse et dure comme du carton. La hache pesait dans ma main. Des nuages noirs glissaient lentement vers l'ouest. L'air se rafraîchit. J'éprouvai l'étrange sentiment de renaître, de découvrir enfin le goût de la vie. Chaque mouvement de mon corps, chaque contracture de mes muscles m'apportait une once de plaisir.

Le Renard fermait la marche.

– C'est quoi, cette corvée de pont ? demanda Hernandez.

– C'est une des fantaisies du directeur, lui répondit Nègre-Kongo. Il a décidé de construire un pont de bois sur la crique Awara. Il veut aménager la forêt.

Nègre-Kongo haussa les épaules, trancha une liane et répéta en bougonnant :

– Aménager la forêt !

On marcha une bonne heure avant d'arriver devant la crique Awara. Le chemin s'ouvrait sur une petite clairière paradisiaque. Des palmiers aux troncs bardés d'aiguilles noires et acérées poussaient sur la rive opposée où un carbet[1] avait été construit par des Indiens galibis. L'eau courait entre des rochers rougis par les dépôts de fer arraché à la montagne. Des trous profonds invitaient à la baignade.

– Voilà l'endroit, expliqua Nègre-Kongo. Quand le directeur a commandé cette cabane pour y passer ses dimanches, il n'a pas précisé aux Indiens sur quel rivage ils devaient la bâtir. Alors maintenant, il lui faut un pont pour accéder à sa résidence secondaire.

– Ce sera facile à réaliser, fit remarquer Hernandez.

Il indiqua un goulet en amont.

– Ici, les rives se resserrent et on pourra ancrer la structure entre les blocs de granit en y ajoutant quelques pierres.

– On peut la goûter, chef ? demanda le Renard en plongeant la main dans le courant.

1. Cabane, abri de bois au toit couvert de palmes tressées.

Nègre-Kongo montra des branches coincées au fond de l'eau.

– Sortez ce bois pour faire le feu. L'endroit est poissonneux. Je vais installer des lignes.

Je m'étonnai. Il y avait assez de branches sur la terre ferme pour allumer un brasier. Pourquoi utiliser celles qui stagnaient au fond de l'eau ?

– À terre, le bois pourrit très vite, m'expliqua le Renard, alors que dans l'eau il ne bouge pas.

On se déshabilla pour plonger dans l'eau glacée. Le gargouillis incessant des cascades emplissait l'air de son chant.

Le Renard remonta avec des branches qu'il lança sur la berge. J'en fis autant.

Nègre-Kongo installa trois lignes en aval puis il sortit une Bible de son sac. Il s'assit sur un rocher, ouvrit le livre sacré et lut :

– « Ne fais pas le mal et aucun mal ne t'arrivera. Éloigne-toi de l'injustice, elle s'écartera de toi. Ne sème pas dans les sillons de l'injustice, de peur d'en récolter sept fois plus. Ne demande pas au seigneur le pouvoir, ni au roi un siège glorieux. »

– Pourquoi tu nous lis ça ? lui demandai-je.

Nègre-Kongo releva la tête. Une lueur étrange luit dans son regard.

– La parole de Dieu vous conduira dans le droit chemin, mes enfants.

Puis il ordonna :

– Au travail maintenant, les gars !

Hernandez commença à inspecter les arbres tandis que le Renard et moi, on entassait de grosses pierres de chaque côté de la rive. Hernandez jeta son dévolu sur un arbuste au tronc particulièrement droit et élancé. Comme il abattait son sabre sur le tronc, Nègre-Kongo lui retint le poignet.

– Ne touche pas !

– Pourquoi ?

– C'est un bois-diable ! Et celui-là, je te conseille de le laisser tranquille !

– Superstition ? demanda Hernandez.

– Danger mortel ! Les Indiens utilisent sa sève comme poison !

Hernandez hocha la tête et reprit ses investigations.

Près d'un ancien abattis où quelques cacaoyers, goyaviers, papayers et citronniers avaient résisté tant bien que mal à l'invasion des herbes-rasoirs et des bois-canons, il repéra plusieurs fûts qui fourniraient de beaux rondins pour réaliser la structure du pont.

Ainsi, à la fin de la journée, nous avions débité trois arbres de taille moyenne et lancé les bases du pont.

Nègre-Kongo avait confectionné des broches et les poissons cuisaient lentement au-dessus des braises : deux coulans et quatre poissons-chats.

Il jeta dans les flammes des quartiers de limes qu'il avait cueillies dans l'ancien abattis. Le parfum acidulé monta vers la cime des arbres où une famille de singes s'était rassemblée.

Vidé par le travail et la chaleur étouffante de cette journée, je mordis le poisson à pleines dents, me régalant de la chair juteuse et tiède au goût de citron.

Un bruit de mitraille fit gronder la forêt.

– Voilà l'orage, dit Nègre-Kongo. Il faut y aller.

La fièvre frappait chaque jour

La fièvre frappait chaque jour.

Les gars s'endormaient le soir et ne se réveillaient pas. Ce matin-là, sept cadavres furent emmenés aux bambous.

J'observai le convoi. Les brancardiers, cigarette au bec, traversaient la cour d'un pas alerte. Ils faisaient rebondir les corps de pantins désarticulés sur la bâche tendue entre deux branches et riaient du spectacle grotesque. Quelques curieux prêtaient attention à ces ballets macabres.

Pour bonne tenue, notre case était parfois mise à l'écart des corvées difficiles. On s'occupait simplement du balayage de la cour, de l'entretien des baraquements administratifs, de la maison du directeur, de son potager et des cases des gardiens. Les maigres salaires que nous touchions étaient les mêmes, quelle que soit la difficulté de la tâche.

Une fois par semaine, nous les plus jeunes, on était de corvée de bois. On partait alors en forêt, la hache sur l'épaule.

On revenait après midi, fourbus, l'échine courbée, la tête pleine du fracas des branches qui se brisent, de l'éclat des cognées qui s'abattent en rythme sur les troncs élancés. Et des insultes des gaffes. Puis le bois était débité. Une bonne partie était utilisée sur place pour la construction et le reste était envoyé en France pour le commerce de bois précieux. C'était le bois de rose qui avait le plus de valeur.

J'aimais la forêt. Bien sûr, il y avait les maladies : le paludisme, la fièvre jaune, la dengue, la leishmaniose. Les vers macaques qui se logent sous la peau, les chiques qui pondent des milliers d'œufs sous les ongles des orteils. Malgré cela, la jungle était un havre de paix et de liberté à portée de la main.

Ferrandière était avachi sur le bat-flanc. Les avant-bras en appui sur son ventre rebondi, il roulait une énième cigarette. Dans un camp où chacun souffrait de la faim, il s'arrangeait pour avoir des kilos superflus. Ferrandière était bien vu de l'administration et, quand il se rendait chez le directeur, ce dernier lui offrait des gâteaux secs, du lait et autres gâteries que le chef de case ne partageait pas.

Comment lui et les autres pouvaient-ils supporter la vie dans ce camp sordide, planté au cœur d'un paradis ? Ils avaient pris leurs habitudes. Ils avaient marqué leur territoire, défini leurs frontières respectives. Et ils préféraient se tenir tranquilles, ne pas faire de vagues. Vivre soumis. Subir sans trop souffrir. En attendant que le temps passe…

Le soir, avant que les paupières clignent, que les esprits s'embrument, nous parlions des moyens de gagner de l'argent pour acheter des armes et un canot, des victuailles pour la cavale. Car nous ne parvenions pas à économiser sur les salaires que nous donnait l'administration pénitentiaire.

Le Renard me répéta plusieurs fois qu'un commerçant chinois de Saint-Laurent lui devait une belle somme d'argent de son premier séjour au bagne. Il comptait bien se faire régler ses dettes. Mais cet argent ne suffirait pas pour la cavale. Alors, il fallait travailler…

Un matin, comme je taillais une marionnette dans un morceau d'acajou, le Renard me dit :

– Tu as l'air doué de tes mains. Tu devrais fabriquer aussi des coupe-cigares en forme de guillotine et tout un tas de babioles. Ces petits objets, c'est très prisé à Saint-Laurent.

– Mais faut y aller à Saint-Laurent !

– Le lundi, des pieds-de-biche prennent le train avec autorisation spéciale de Nègre-Kongo pour vendre leurs bricoles dans la rue... contre un petit pourcentage. Ferrandière pourrait t'avoir ton autorisation !

Le Renard m'entraîna dans le baraquement pour parler de notre évasion à l'abri des oreilles indiscrètes.

– J'ai rencontré un gars de Saint-Laurent, la semaine dernière. Il m'a renseigné sur les embarcations. Il peut m'en vendre une.

– Tu as dit qu'il fallait être au moins quatre pour les manœuvrer !

– C'est vrai, j'ai dit ça. À deux, ça n'ira pas. Les copains vont venir avec nous.

– Tu penses à qui ?

– Franek, Jalbert et Lejonc, et peut-être un autre...

– Lescoute.

– Pourquoi pas ? Il va falloir discuter de tout ça. Lescoute, je sais qu'il prépare sa propre cavale. Avec Ben Salam et peut-être Pique-Nouilles.

– Et toi, c'est quoi, le plan ?

– Un plan d'enfer, du solide, Benji. Du solide. On a déjà payé un surveillant-chef, le dénommé Louche.

– Raconte.

Le Renard jeta un coup d'œil méfiant derrière lui. Tout était calme. Des gars chantaient en faisant leur lessive. Les gardes vaquaient à leurs occupations. Nègre-Kongo était parti à Saint-Laurent. Trop de gars s'étaient évadés ces derniers temps et il allait chercher des chasseurs de primes.

Le Renard continua :

– Un dimanche soir, après l'extinction des feux, Louche convoque les surveillants de semaine. Pendant ce temps, on enfile des vêtements civils achetés à un ancien surveillant installé à Saint-Laurent.

– Un dimanche soir ?

– Oui. Nègre-Kongo ne travaille jamais le dimanche. Et puis c'est le soir le plus calme. Les surveillants sont moins nombreux. Maintenant, ce dimanche, on le choisira en fonction de la marée. C'est elle qui décide, petit.

– Pourquoi ? demandai-je.

– À marée descendante, le courant du fleuve s'ajoute à celui de l'océan. C'est à peine si tu as besoin de ramer !

Je posai le morceau d'acajou sur le bat-flanc.

– Ensuite ?

– C'est là qu'il faut pas foirer. On traverse le camp et on rejoint le rivage du Maroni, à deux minutes d'ici. Là, un canot léger nous attend, piloté par des lépreux. C'est eux qui assurent notre passage jusqu'à l'île Saint-Louis. De là, on embarque aussitôt sur notre pirogue. On file jusqu'à la crique Margot, à une petite heure de Saint-Louis, et on se cache là-bas durant une semaine. Enfin, direction l'embouchure du Maroni, puis on remonte la Mana. Et notre nouvelle vie commence.

Tout avait l'air si bien organisé que je m'y voyais déjà.

– Maintenant, il faut gagner encore plus d'argent. Avec tes poupées, du trafic, tout ce que tu veux. Il nous faut des armes, des sabres, des munitions, du sel, et tout ça coûte cher. La semaine prochaine, on ira à Saint-Laurent pour commencer à y vendre des bricoles.

Ses yeux s'agrandirent. Une lueur passa dans ses pupilles.

– À nous la belle, petit. À nous la belle !

Le pousse s'arrêta devant la gare

Le pousse s'arrêta devant la gare de Saint-Laurent. Les deux surveillants descendirent les premiers, puis les gars autorisés à vendre leurs marchandises. Le Renard m'entraîna dans le dédale des rues tracées au cordeau de la ville coloniale.

On longea le Maroni. Je jetai un coup d'œil sur la rive hollandaise. On passa devant le petit pont où un bateau embarquait des animaux à destination de Cayenne : porcs, génisses et chèvres qui refusaient de monter à bord.

– Alors, les pieds-de-biche, on cherche fortune ?

– On cherche des affaires !

Je me retournai. L'homme qui nous avait interpellés avait fière allure. C'était un métis à la peau claire, costume de flanelle blanche, chapeau blanc, il arborait une belle moustache noire et lissée. Il délia ses grands bras et tendit la main au Renard.

L'homme nous entraîna à l'ombre d'un amandier. Puis il me fit signe d'ouvrir mon sac. J'en sortis trente poupées, des coupe-cigares et des fume-cigarettes en bois précieux.

– Pas mal. C'est tout ce que tu proposes ?

– Je peux en faire autant que tu veux, dis-je avec aplomb.

– On cherche des armes et du matériel, ajouta le Renard.

– Pour ça, il faut de l'argent.

– J'en aurai bientôt. Tu as ma parole !

L'homme se lissa les moustaches et reprit :

– La parole d'un pied-de-biche ! Ça ne vaut pas grand-chose, tu ne crois pas ?

– À toi de choisir. Tiens, voilà une avance ! Mais pas d'entourloupe car je te retrouverai !

Le Renard sortit une liasse de billets d'un repli de sa vareuse. Quelques jours auparavant, il s'était rendu à Saint-Laurent dans le plus grand secret. Sans doute avait-il récupéré l'argent que lui devait le Chinois. Il tendit les billets à l'homme.

– Dis-moi ce qu'il te faut, fit ce dernier.

– Quatre fusils, deux pistolets, du matériel de nettoyage complet, des sacs étanches et autant de cartouches que tu pourras.

– J'en fais mon affaire.

– Et de bonnes jumelles, ajouta le Renard.

– Tu les auras !

On se donna rendez-vous la semaine suivante sur une plage en amont du camp de Saint-Jean. L'homme au chapeau blanc nous salua et s'en retourna vers le fleuve.

Puis nous nous rendîmes sur le marché pour y vendre nos babioles. Cela nous rapporta pas mal d'argent. En effet, les familles de l'administration pénitentiaire et coloniale raffolaient des petits objets fabriqués par les bagnards. Et les achetaient un bon prix. Les affaires promettaient de marcher.

Pendant la semaine, je fabriquai trente-cinq poupées de bagnards en noix de coco et fibres de kouman[1]. Le lundi suivant, j'obtins de nouveau l'autorisation de Nègre-Kongo pour me rendre à Saint-Laurent. Au retour, je remis l'argent au Renard. Moi, c'étaient les poupées. Franek volait dans les réserves et revendait son butin… Chacun avait ses combines pour gagner de l'argent et notre caisse se remplissait.

Mais il y avait un truc qui marchait comme pas deux et je ne tardai pas à m'y intéresser : Mazoyer faisait fortune avec les papillons. Un soir, je m'installai à côté de lui dans la case et demandai :

– Il y a longtemps que tu es là ?

– Je suis arrivé quand j'avais ton âge.

– Et tu n'as jamais tenté la cavale ?

– Une fois, j'ai bien pensé à me sauver.

1. Variété de palmier.

Il hocha la tête. Ses lèvres frémirent.

– Je regardais le fleuve, à la tombée du jour. C'était… c'était tellement beau. Paisible. Toutes ces couleurs accrochées aux arbres. Le contraire de ma vie de forçat, grise, terne. J'ai avancé dans l'eau. Elle était calme et chaude. Juste un petit remous qui te donnait l'impression que le fleuve était vivant et t'appelait. « Viens ! Viens ! » qu'il me disait. Il m'invitait, tu vois ? J'ai failli plonger.

– T'étais bourré, Mazoyer, fit une voix.

– Ta gueule, toi ! De là, j'aurais nagé jusqu'à l'île Portal. Je suis un bon nageur, tu sais. J'ai gagné des médailles et j'ai sauvé des gars de la noyade. J'aurais trouvé une planque dans les champs de cannes à sucre, à la scierie où j'ai un bon pote ou dans la rhumerie. J'aurais attendu là quatre, cinq jours, suçant des cannes pour me restaurer, chipant des œufs, bouffant de l'iguane.

Il s'essuya le nez du revers de sa manche et continua :

– Et puis j'aurais traversé le fleuve jusqu'à la Hollande.

– Tu nages comme un boulet de canon, Mazoyer !

– Ta gueule ! Tu m'as jamais vu à l'œuvre !

– Pourquoi tu l'as pas fait ? lui demandai-je.

– Je ne connaissais pas encore la jungle. J'ai pris peur. Et puis j'avais pas assez d'argent pour acheter ma liberté. Les chasseurs de primes m'auraient vite rattrapé. Tu vois bien, tous les jours ils ramènent des gars morts ou vifs.

– C’est vrai.

– Alors j’ai décidé de remettre ma cavale à plus tard. Oui, je voulais préparer sérieusement ma belle. Et c’est comme ça que j’ai commencé à faire du papillon. Le papillon, c’est ce qui paie le plus ici : quand on est de chantier dans la forêt, on profite des pauses pour attraper tout ce qui vole. Avec des filets, bien sûr. Le morpho, ici on l’appelle « le bleu », ça peut se vendre jusqu’à six ou sept francs. Il est réputé, à cause de sa couleur.

– Sept francs ! Plus que mes poupées !

– Une fois, j’ai trouvé un morpho qui avait deux ailes blanches côté gauche, deux ailes bleues côté droit. Ça a été le gros lot… Cinq cents francs la bête !

– Cinq cents francs ! Tant que ça !

– Vingt ans de papillons, tu imagines ? poursuivit Mazoyer sans tenir compte de mon interruption. Vingt ans de mariage avec ces satanées bestioles qui vous étourdissent les sens le jour et la nuit et vous font courir le bois. Je fais mes propres encadrements avec du bois de pays et du verre acheté à Saint-Laurent. J’ai appris à écrire les noms avec de belles lettres. Et je me suis mis à faire ça plus pour le plaisir que pour l’argent. Aucun surveillant ne m’a plus jamais insulté. Je suis devenu un pilier de la tentiaire. Alors, la cavale, j’y ai plus pensé.

– On a besoin d’argent, Mazoyer. Faut que tu m’apprennes !

– Si tu attrapes des papillons pour moi, je te paierai.

Il leva l'index et fronça les sourcils.

– Mais faut que tu saches que le papillon, c'est interdit normalement. Ça n'empêche que les bagnards, ils en font plus ou moins. Moi, je revends ma camelote à Nègre-Kongo qui la revend au directeur du camp, à Dieu le père en quelque sorte. Je t'expliquerai comment leurrer les morphos avec un papier bleu, comment les attirer avec de la banane pourrie, comment manier le filet, saisir les bestioles entre les doigts sans les abîmer. Demain, je t'emmène en forêt, tu es d'accord ? Mais un conseil, petit... dès que tu auras gagné assez d'argent, ne fais pas comme moi. Fous le camp d'ici !

Il ouvrit une caisse de sa confection et en tira un cadre en bois-serpent aux veines dorées. Un gigantesque longicorne était épinglé sur le fond de liège.

– Titanus giganteus... identifié par M. Linné en 1771. Il porte bien son nom, n'est-ce pas ? Celui-ci est un mâle que j'ai piégé une nuit de décembre. Ces petites bestioles sortent entre minuit et demi et trois heures du matin. Jamais avant, jamais après.

Il caressa le cadre et ajouta avec fierté :

– Celui-ci vaut de l'or. Il mesure plus de dix-huit centimètres et je crois bien que c'est un record absolu pour cette espèce.

Mazoyer obtint la permission de m'emmener aux papillons.

Chaque matin, on partait à l'aube. Il m'apprit tous ses trucs et, le samedi, j'allais avec lui à Saint-Laurent pour vendre nos captures. Cela me rapporta cent cinquante francs, bien plus d'argent que les poupées.

La semaine qui suivit, je retournai seul dans la jungle. Je capturais désormais mes propres morphos, et des longicornes que je préparais moi-même. Ce n'était pas si difficile. En un rien de temps, j'étais devenu un expert.

Un vent chaud et lourd courait sur le camp

Un vent chaud et lourd courait sur le camp, faisant vibrer les tôles des toitures. Il n'avait pas plu depuis une semaine et l'ambiance était électrique.

Sur l'île Portal, les Indiens jouaient du tambour chaque soir et cela nous empêchait de dormir. La semaine avait été meurtrière. Trois morts par maladie, deux par bagarre. Cinq fugitifs avaient été repris et deux autres lynchés en pleine brousse par des surveillants accompagnés de Galibis.

Dans la fraîcheur relative des murs de notre case, on buvait notre lavasse en attendant la corvée. Hernandez et Lescoute jouaient aux osselets. Le Renard se faisait couper les cheveux par Ferrandière. Jalbert, Franek et Lejonc se rappelaient des souvenirs d'avant la Citadelle.

Mazoyer opérait. La veille, un gars de la case numéro cinq lui avait apporté un grand longicorne. Mazoyer écarta les pattes, fixa les antennes grâce à ses petites épingles qu'il enfonçait dans le liège, et souleva l'abdomen pour lui donner une position naturelle.

Nègre-Kongo se présenta à l'entrée de la case. Cette fois, il portait un mousqueton, baïonnette au canon.

– Hernandez et compagnie ! Il faut finir le pont !

– Pas maintenant, chef ! lui rétorqua Hernandez.

Le poing du géant se referma sur le canon du fusil. Ses mâchoires se crispèrent. Une lueur de folie s'alluma dans son regard.

– Je te ferai payer ton arrogance, Hernandez.

– On finira la partie après, marmonna Lescoute.

Chapeau vissé sur la tête, armés chacun de notre hache, on entra dans la forêt par la piste des Boshs. Les feuilles, desséchées à cause du manque d'eau, craquaient sous nos pas. On marchait en silence, dans la chaleur suffocante du matin.

Soudain, Nègre-Kongo s'arrêta.

Un serpent d'au moins trois mètres s'étendait au milieu du chemin, la tête face à lui.

Nègre-Kongo ne pouvait plus ni avancer ni reculer. Ses lèvres tremblaient. Il laissa tomber son mousqueton, voulut le ramasser pour tuer le serpent. Mais il n'en eut pas la force.

– C'est un grage grands carreaux, dit le Renard. Sa morsure est mortelle. Mais il n'attaque que si on l'embête. Moi je peux pas approcher ces bêtes-là !

– Je m'en occupe ! lançai-je.

– Tu as déjà tué un serpent ? me demanda Hernandez.

Le Renard attrapa Nègre-Kongo par le bras pour l'écarter du chemin et je me retrouvai seul face au serpent. C'était une bête magnifique aux écailles fauves, ponctuées de triangles plus foncés. Quand j'approchai, elle releva l'avant de son corps, darda la langue dans ma direction.

Je brandis la hache. Le métal luit. Je lui trancherais la tête d'un coup. Cela me fit penser aux petites guillotines coupe-cigare que je fabriquais pour la débrouille. Puis à la guillotine que le bourreau montait parfois, dans la cour du camp de Saint-Laurent. On en parlait comme d'un être humain, un être pourvu d'une âme qui rendait la justice.

Le cœur battant, je glissai le manche de la hache sous le ventre du crotalidé et avançai à petits pas pour le déplacer vers la lisière. Quand je le posai au sol, son corps élastique se ramassa sur lui-même. Il se glissa entre les racines d'un arbre et disparut dans la végétation.

– Tu l'as pas tué ! maugréa Hernandez. Cette saloperie va nous attendre au retour !

Je regardai Nègre-Kongo dans les yeux et pris d'office la tête de la colonne. Le surveillant-chef fixait le sol à l'endroit où le serpent avait disparu. Enfin, il se pencha, ramassa son mousqueton.

En approchant de la crique Awara, une odeur de charogne flottait dans l'air. Un animal poussait des cris plaintifs. Nègre-Kongo arma son fusil. Je me précipitai vers la crique.

– Nom de nom ! s'exclama le surveillant.

Une biche était prisonnière de la structure du pont. Sa tête touchait l'eau d'un côté tandis que son train arrière, inerte, sortait de l'autre côté. Un essaim de mouches vrombissait autour de son corps.

Nègre-Kongo arma son fusil. Il se plaça en position de tir, ferma l'œil gauche. Visa. La détonation fit vibrer les feuilles des arbres les plus proches. Un couple de toucans s'envola au-dessus de nous et des singes crièrent en déféquant sur les branches basses. Des volutes de fumée blanchâtre se dissipèrent.

La biche s'était tue. Les yeux vides, la tête pendante. Le sang dégoulinant de son museau se mêlait aux eaux déjà rouges de la cascade. Les mouches s'éloignaient puis se rapprochaient du corps sans vie tandis que leurs asticots continuaient de rogner dans l'indifférence les chairs putrides.

– Hernandez, dégage-moi ça ! ordonna Nègre-Kongo.

– Chef, c'est dégueulasse.

– Débrouille-toi de me jeter cette bête loin d'ici. Il faut finir ce pont.

– On va t'aider, dis-je.

– Pas question, répondit Nègre-Kongo. Laissez-le faire. Cet homme doit apprendre l'obéissance.

Hernandez avança vers le pont en se bouchant le nez.

Il descendit dans la cascade, saisit la biche par les oreilles et la tira vers lui.

Le corps tomba d'un coup. Les mouches s'envolèrent, tournèrent autour d'Hernandez, le piquèrent partout et pénétrèrent dans ses oreilles. Hernandez plongea dans l'eau en hurlant. Puis il ressortit de l'autre côté du pont, portant la biche sur l'épaule.

Nègre-Kongo avait ouvert sa Bible.

– « Et je vis un Agneau debout au milieu du trône, entouré par les quatre êtres vivants et les anciens. Il semblait avoir été mis à mort. Il avait sept cornes et sept yeux, qui sont les sept esprits de Dieu envoyés par toute la terre. »

Cet homme-là était fou.

Le lendemain, Hernandez se leva le premier

Le lendemain, Hernandez se leva le premier en se tenant le ventre. Il se pencha au-dessus de la couche de Picard.

– Picard ! Eh, Picard !

– Qu'est-ce que tu veux ?

Hernandez ne lui répondit pas. Il souleva simplement sa veste, montrant plusieurs trous béants au milieu du ventre et sur la poitrine. Une odeur de mort flottait autour de lui.

– Nom de Dieu !

– J'ai quoi, Picard, dis-moi ! J'ai quoi ?

Picard hocha la tête. Il entraîna le malade dehors pour observer les lésions en forme de cratères. Des milliers d'asticots dévoraient la chair méthodiquement, anesthésiant les tissus au fur et à mesure de leur progression.

On avait entendu parler d'un cas semblable deux mois auparavant au camp de Charvein, chez les incos. On le savait. Un gars s'était réveillé le matin avec le bras rongé par la vermine. Trois jours plus tard, il était mort. Un nom avait alors couru jusqu'à Saint-Jean : « la bouchère ». La bouchère était revenue.

Picard posa la main sur sa bouche pour retenir un vomissement.

– Tu l'as attrapée en portant ta bestiole sur la crique Awara, dit-il. Mais je vais t'arranger ça, Hernandez.

– Les mouches, marmonna le malade. C'est à cause de cet enfoiré de Nègre-Kongo.

– Elles ressemblaient à quoi, tes mouches ?

– Je sais plus. Des mouches vertes… oui, vertes… avec des reflets bleus. J'en ai écrasé quelques-unes. Saloperie. Ça a pas suffi ! Elles m'ont pondu dessus.

Ses yeux se fermèrent. Son front, ses tempes, dégoulinaient de sueur.

– Je vais te soigner, Hernandez.

– C'est la bouchère, hein ?

Mazoyer le spécialiste m'expliqua :

– On l'appelle aussi la dévoreuse d'hommes. J'ai lu ça dans un de mes bouquins. La mouche pond ses œufs sur une plaie. Une simple piqûre de moustique lui suffit. Elle peut pondre jusqu'à trois cents œufs d'un coup ! Le lendemain, les vers sortent de leur coquille et s'enfoncent dans la chair comme autant de forets. Et en quelques jours…

Le regard de Picard se leva sur lui. Mazoyer se tut.

Avec son couteau, Picard gratta nerveusement le pourtour des cratères. Puis il nettoya les plaies et appliqua une crème à base d'huile pour étouffer les vers. Hernandez appelait au secours, tantôt en espagnol, tantôt en français. La fièvre mangeait déjà son regard. Ses cheveux noirs étaient trempés de sueur. Il s'évanouit. Picard le porta dans la case et le coucha.

– Il me faudrait de l'alcool, dit-il. Il n'y en a plus à Saint-Jean.

– Je vais à Saint-Laurent, aujourd'hui, proposa le Renard.

– Personne n'ira nulle part, trancha Ferrandière. Des gars ont saboté les rails à mi-parcours. Une corvée est partie réparer ce matin !

– On est coincés ici ?

– Comme je te le dis, petit. Mais si tu veux, j'ai de quoi t'occuper.

Ferrandière se leva. Il se dirigea à pas lents vers moi.

– Tu sais bien écrire, toi ?

Je me redressai.

– Plutôt.

– Faut que je fasse une lettre au directeur pour demander mon individuelle[1]. Et je sais pas trop comment la tourner.

1. Les relégués collectifs peuvent demander à devenir relégués individuels. Cela signifie qu'ils peuvent vivre hors du camp. Ils sont soumis à des appels réguliers mais doivent se débrouiller pour survivre.

Les regards se fixèrent sur Ferrandière.

– Ton individuelle ? s'étonna Mazoyer.

– Oui. J'en ai assez de la vie dans cette case. Mon travail me manque après toutes ces années.

– Tu trouveras rien, en ville !

– J'irai à Cayenne. Là-bas, je sais qu'ils cherchent de bons maçons pour bâtir des villas !

– Ils ont leur compte de maçons à Tafia-Town, lança un autre. Reste ici. Tu es nourri, logé... et puis on se marre plutôt bien. Pas vrai, les gars ?

– Pour sûr qu'on rigole !

Le Renard s'en mêla :

– Ferrandière a raison, c'est pas une vie ici. Regardez-moi Hernandez ! Et si on rigole, c'est pour masquer la misère. C'est que des rires de carnaval. Tu grattes un peu et tu retrouves la merde dans laquelle on baigne depuis qu'on nous a tous enfermés au dépôt de la Citadelle.

– C'est vrai, confessa Pique-Nouilles en ajustant ses lunettes. Vous savez de quoi je rêve, moi ? Mon rêve le plus fort, celui qui me revient le plus souvent ? De petits coins, les gars ! De vrais lieux d'aisance !

– T'as bien raison ! continua Lejonc. Des toilettes propres. Avec trois murs autour et une bonne porte de bois. Un beau carrelage au sol avec des fleurs et personne pour te reluquer.

– Le bagne nous vole notre dignité, reprit Pique-Nouilles. Les ordres, les insultes, les coups de nerf de bœuf, les appels, les horaires fixes... les corvées. Les hommes sont faits pour être libres.

Et d'une manière ou d'une autre, chaque forçat doit tout faire pour regagner sa liberté, Ferrandière a raison.

– À Saint-Laurent, il y a des gars qui ont tué père et mère et tu voudrais qu'ils retrouvent la liberté ?

– Tu as raison, fit Lescoute. Mais nous, on ne mérite pas de pourrir ici. On n'est pas des assassins ! On n'est que des petites crapules. Et puis la plupart d'entre nous ont fait la guerre, non ? Moi, je me suis battu pour la France. J'ai même eu trois citations pour bravoure mais la patrie, elle m'a jeté de l'autre côté de l'Atlantique d'un gros coup de pied au cul.

– On le saura, Lescoute, que tu as fait la guerre ! Dis-nous plutôt ce que t'as fait pour qu'on t'envoie au bagne !

Lescoute sourit. Il n'avait jamais avoué pourquoi la France l'avait relégué à l'autre bout du monde.

– Pendant trois ans, vous m'entendez bien, les gars, trois ans ! j'ai vidé les troncs des églises. J'ai vécu comme un pacha aux frais de Dieu le père en personne. Et je peux vous dire que ça rapporte, le denier du culte !

Jalbert fit un signe de croix.

– On n'a pas le droit de faire ça !

Hernandez, qui s'était endormi, gémit. Picard recouvrit les plaies d'une bande de tissu. Ferrandière me tendit une feuille sur laquelle il avait griffonné son nom et son matricule.

On s'installa dans un coin de la case et je me mis au travail. Gabriel Ferrandière disait, je réfléchissais et tournais les phrases à ma manière, comme le faisait mon père à l'imprimerie quand on venait requérir ses services d'écrivain public. J'écrivis ainsi plusieurs lettres le même jour, dont une pour les parents d'Hernandez et une autre pour sa sœur.

– Tu ferais aussi les lettres à la famille ? me demanda Lescoute.

– Pourquoi pas.

Le Renard intervint :

– Fais-toi payer, Benji.

– Payer ?

– Il a raison, fit Ferrandière. Écrire pour les autres, c'est un travail. Moi, je te donne cinq sous la lettre.

– Cinq à dix sous la lettre, corrigea le Renard. Il y a des lettres qui sont plus longues que d'autres, non ?

– C'est ça, dit Franek. Vingt sous la lettre à la grand-mère. Trente la déclaration d'amour.

– Pourquoi pas, fit remarquer Pique-Nouilles, le sentiment, c'est ce qu'il y a de plus difficile à exprimer !

Franek posa la main gauche sur sa poitrine et déclama :

– « Ô Roméo ! Roméo ! Pourquoi es-tu Roméo ? Renie ton père et abdique ton nom ; ou, si tu ne le veux pas, jure de m'aimer et je ne serai plus une Capulet. »

Trois jours plus tard, Pique-Nouilles vint me trouver. Il tenait dans sa main tremblante les deux lettres que j'avais écrites sous la dictée d'Hernandez.

Je compris aussitôt. Nègre-Kongo les avait censurées.

Je trempai ma plume dans l'encrier, vérifiai machinalement l'épaisseur de la goutte et grattai la pointe d'acier sur la feuille de papier. Les autres m'entouraient. Je signai et relus à haute voix :

– « Monsieur le directeur de Saint-Jean,

Chez nous, dans la case n°4, on veille le camarade du nom d'Hernandez (matricule 48 231) pour la bonne raison qu'il a pris la fièvre à cause de la bouchère. Il sait qu'il va bientôt mourir et il a écrit une lettre à ses parents et une autre à sa sœur, mais le chef les lui a rendues avec le tampon “Refusé”. Le chef a même menacé Hernandez d'aller au trou, dans l'état où il se trouve, alors que c'est à cause de lui qu'il a contracté la bouchère en portant une bête crevée sur la crique Awara où on construisait votre pont. Le bagnard-infirmier Picard le soigne comme il peut mais les asticots font leur travail. Il est toujours allongé sur son grabat et on craint que la fièvre n'ait raison de lui. Sans vouloir attirer sur lui le mauvais sort, nous demandons votre permission pour qu'il puisse envoyer de nouveau sa lettre et qu'elle ne lui soit pas retournée avec la mention “Refusé” et qu'elle prenne le prochain bateau pour la France, signé ses camarades. »

– Tu crois qu'il acceptera ? s'inquiéta Jalbert.

– Le commandant est plus intelligent que Nègre-Kongo. Il a du sentiment !

– Il est bien calme, Hernandez, fit tout à coup remarquer Lescoute.

Hernandez avait les yeux ouverts. La sueur ne piquait plus ses tempes.

Je murmurai :

– C'est fini !

Les visages se refermèrent. Je pliai la lettre que je venais d'écrire sous la dictée de Franek. Je me levai et la plaçai dans la main d'Hernandez.

– Maudit soit ce camp, cracha Lejonc. Les puces, les moustiques et maintenant la bouchère. Ces murs repeints à la pisse… Et cette chaleur poisseuse qui nous rend malades, cette merde noire dans laquelle on patauge jour et nuit !

– Va prévenir le frère jésuite qui dira la prière, me demanda Ferrandière. Hernandez était de la calotte.

– Il ne se passe pas deux jours sans qu'un gars passe l'arme à gauche dans ce camp, bredouilla Pique-Nouilles la voix frémissante. J'appelle ça de l'extermination.

Le jour se levait. J'écrasai un moustique sur ma cuisse.

Deux hommes se présentèrent à l'entrée de la case.

– C'est ici le brancard ?

Ferrandière désigna la paillasse d'Hernandez. Les gars l'avaient rhabillé correctement, allongé sur le dos, ils avaient croisé ses mains sur sa poitrine et je lui avais moi-même fermé les yeux. Tout ça pour qu'il ressemble à un vrai mort avec un peu de dignité.

Les billets passaient de main en main

Les billets passaient de main en main ce soir-là, à la lueur de la lampe à pétrole, tandis que Jalbert faisait le guet à l'entrée de la case. Un sourire se dessina lentement sur le visage du Renard.

– Trois mille cent cinquante-trois francs, les gars ! On y est presque !

L'excitation se lisait sur tous les visages.

Puis on repassa l'organisation du grand jour dans les moindres détails.

– Demain, repos ! s'exclama Lejonc.

– Surtout pas, trancha le Renard. On doit se comporter comme d'habitude. Trafiquer, vendre nos petites affaires. Donner le change à ces putains de gaffes !

– Alors, c'est pour bientôt ? demanda Jalbert toujours planté devant l'entrée.

– Ça approche, répondit le Renard. Reste à se mettre d'accord avec le groupe à Pique-Nouilles. On doit caler nos cavales.

– Et pourquoi donc ? s'étonna Jalbert.

– Ça double nos chances de réussir. Ils croiront qu'on a tous pris le même chemin et chercheront dans une seule direction !

Un grondement soudain domina le chant des grenouilles. L'averse tropicale s'abattit sur le camp de Saint-Jean. L'air se rafraîchit. Lescoute, qui préparait sa propre évasion avec Ben Salam et Pique-Nouilles, nous rejoignit.

Je lui demandai :

– Vous allez où ?

Il leva le bras et indiqua la direction de l'ouest.

– La Colombie en passant par le Venezuela.

– La Colombie, c'est plutôt loin. Pourquoi pas la Hollande ?

– Les Hollandais nous attendent au tournant. S'ils t'attrapent, c'est pour te remettre aux autorités françaises sur-le-champ !

Ben Salam hocha la tête :

– Ou t'envoyer trimer dans leurs mines de bauxite, pas vrai, Pique-Nouilles ?

– Pour sûr, mon frère !

– La Colombie, c'est plus sûr, ajouta Lescoute. D'autres ont réussi. Pourquoi pas nous ?

– Ça va être serré pour vous, lança Ferrandière. Les nouveaux gaffes débarquent demain. Ce sont des durs, il paraît. Ils viennent de Saint-Laurent.

– Pour nous mater ? demanda Lejonc.

– Sûrement. Le directeur de Saint-Jean s'est plaint que les surveillants pactisent trop avec les fagots. Nègre-Kongo a buté les deux relégués de la case cinq qui ont saboté la ligne de train. Alors il a reçu des menaces de mort de la part des camarades. Et si on se tient pas droit, c'est les Sénégalais qu'on aura au cul. Et eux, les copains, ils parlent avec la pointe de la baïonnette. Il va falloir mieux planquer votre banque et vos petites affaires.

Nos petites affaires, c'étaient quatre sabres d'abattis qu'on s'était procurés au village chinois, à Saint-Laurent, quatre couteaux et des vêtements de civils.

Pour l'instant, ce beau matériel dormait sagement sous une latte de plancher. Mais les gaffes savaient où chercher quand ils y étaient forcés. Quant aux fusils, aux pistolets et aux boîtes de cartouches, ils se trouvaient depuis longtemps dans un arbre creux repéré avec le Renard au cours d'une sortie.

Lejonc demanda à Ferrandière :

– C'est des Blancs, ces nouveaux gaffes ?

– À ce qu'il paraît, il s'agirait de cinq mulâtres, trois Blancs et deux Arabes. Des durs qui font marcher les forçats à coup de nerf de bœuf et qui font danser les plus récalcitrants au pistolet.

– Tu connais leur nom ?

– Là, tu m'en demandes trop, mon frère !

Les premières lueurs du jour lavèrent soudain le ciel. La chaleur monta du sol, embrasa les terrasses couvertes des cases.

Dans la cour du camp, un accordéon soufflait des notes grasses. Des bagnards musiciens avaient formé un groupe et préparaient un spectacle pour la fête de la Saint-Jean. Ils répétaient.

Le soleil était revenu, alors avec Lescoute et Franek on profita de l'accalmie pour laver le linge.

– Ça serait pas aujourd'hui qu'on doit recevoir les nouveaux gaffes ? demanda Franek.

– On nous a bluffés avec cette histoire-là, rétorqua Lescoute. Y a pas plus de nouveau gaffe que de beurre au cul !

– C'est peut-être remis à cause de la loco qui est en panne.

Soudain, les roues des wagons claquèrent sur les rails Decauville. Je relevai la tête.

– Les nouveaux gaffes, dit Mazoyer.

Le train s'arrêta. Plusieurs soldats descendirent. Des surveillants en costume blanc, armés. La cloche retentit. Ferrandière sortit de la case où il était occupé à balayer.

– C'est l'heure de l'appel, les gars !

On se rassembla au centre de la cour.

Les nouveaux gaffes s'alignèrent face à nous. Je me trouvais trop loin pour distinguer leurs visages.

– Ce sont des rugueux, chuchota Mazoyer.

– Ils ne vont pas être faciles à traire, ceux-là ! souffla Lejonc avec son accent de paysan cauchois.

Mazoyer, lui, avait reconnu l'un de ses anciens surveillants, du temps où il travaillait à la forge de Saint-Laurent.

– Le grand à gauche, c'est Gueule-d'Amour, les gars. Bienvenue en enfer !

Après l'appel, nous retournâmes dans la case. Mazoyer nous conseilla de cacher au mieux toutes nos petites affaires : couteaux, pointes, argent. Il n'avait pas tort. Dans la nuit et le lendemain, les cases furent fouillées plusieurs fois. Les surveillants cherchaient des armes. Des cavales se préparaient, ils le savaient. Des mouchards avaient cafté.

Deux jours avant le grand départ, on cessa tout commerce. On ne parlait plus que de la belle. Les deux groupes partiraient en même temps et se sépareraient sur l'île aux Lépreux.

Pique-Nouilles se tourna vers moi.

– Dans deux jours, Benji, je serai un homme libre ! Libre !

– Ne le crie pas trop fort, fit le Renard.

Picard et Lescoute s'étaient installés à l'intérieur. L'infirmier avait une fois de plus sorti son couteau pour soigner l'un de ses camarades. On venait de toutes les cases pour se faire opérer par Picard. Même les gaffes, leurs femmes et leurs enfants. C'était devenu monnaie courante et personne n'y faisait plus attention.

– On finit par s'habituer à tout ça, non ?

– C'est vrai qu'on se sent chez soi, ici... fit Jalbert. On est en prison mais on est chez nous.

– Maintenant, j'ai un peu peur de me retrouver dehors, dans cette jungle, dit Pique-Nouilles.

– Regardez-moi, lança Mazoyer. Je n'ai que quarante-cinq ans mais j'ai l'impression d'être un vieillard. Je n'ai plus de dents, la peau tannée, les cheveux blancs. Mes mains tremblent sauf quand je fais du papillon. Le jour où j'ai débarqué ici, j'étais un jeune homme. J'étais fier de mes cheveux, de mon allure. Beau comme toi, Benji. Et toi, Gabriel Ferrandière...

– Quoi, moi ?

– Si on te donne ton individuelle, qu'est-ce que tu vas devenir ? Un brave garçon de famille au service de la coloniale ou une épave imbibée de tafia qui finira sa vie à cuver dans les caniveaux de Tafia-Town parmi les rats et les téjus ? On n'a plus d'avenir, tous les deux. Pourquoi je me suis jamais évadé ? À cause de ce semblant de confort que me procurent mes papillons ! Partez sans remords, les gars ! Partez ! Foutez le camp de cette machine à broyer les hommes !

Ce soir-là, j'eus du mal à m'endormir. Je pensais à Mazoyer qui finirait sa vie ici. En face de Saint-Jean, sur l'île Portal, les Indiens battaient le tambour et chantaient.

– C'est l'anniversaire de la mort de leur chef, expliqua Ferrandière. C'est comme ça tous les ans. On ne peut pas dire que c'est très bruyant, mais ça empêche de dormir.

Mon regard croisa celui du Renard. Puis celui de Franek. Les sacs étaient prêts. Les vêtements civils cachés dans un creux du mur, sous notre case.

Le Renard venait de compter l'argent de notre groupe une dernière fois.

– Trois mille quatre cent trente francs, avait-il annoncé. C'est plus qu'il n'en faut.

– Et les provisions ? s'était inquiété Lejonc.

– Ce sont les lépreux qui s'en occupent. Ils nous préparent une caisse par groupe. Elles sont déjà payées. J'ai tout prévu : riz, kwak[1], briquet, essence, une pharmacie…

À l'aube, la cloche sonna.

L'appel dura presque une heure, sous un soleil de plomb. Un gars tomba dans les rangs. Puis on retourna dans les cases avant la corvée.

– Le ciel est dégagé, constata Franek. Avec un peu de chance, il ne pleuvra pas aujourd'hui.

– Faut qu'il pleuve cette nuit, fit remarquer le Renard. Les gaffes sont comme nous, ils n'apprécient pas la pluie.

Deux bagnards de semaine apportèrent le café. Je savourai mon morceau de pain en silence. C'était mon dernier petit-déjeuner au bagne de Saint-Jean. Je regardai la cour, ces prisonniers à vie qui répétaient tous les jours les mêmes gestes.

1. Semoule de manioc.

Répondre présent à l'appel, battre le linge, partir aux corvées. L'accordéon lança quelques notes dans l'air saturé d'humidité. Je soupirai. À mes pieds, les fourmis rouges se servaient parmi les miettes éparpillées sur le plancher.

Gabriel Ferrandière fumait sa cigarette assis devant l'entrée.

– Eh, les gars, v'là du monde ! prévint-il.

– Visite à l'improviste, marmonna Lescoute. Ça sent le vinaigre !

Gueule-d'Amour entra dans la case

Gueule-d'Amour entra dans la case, un cigare au coin de la bouche. Il ne travaillait pas le dimanche et faisait sans doute du zèle…

Ferrandière eut un geste. Chacun se plaça au garde-à-vous devant sa couche. Le Renard jeta un regard vers la brique descellée où il cachait l'argent de la belle. Un peu de mortier s'était effrité et la poussière s'était amassée sur le plancher au pied du mur. Il n'avait pas eu le temps de l'essuyer. Ses lèvres tremblèrent.

– L'un de vous est absent ? demanda Gueule-d'Amour.

Jalbert se trouvait aux latrines. Il se mit au garde-à-vous avec son pantalon au bas des jambes. Le rire me monta aux joues. Le chef posa la main sur la crosse de son revolver.

– Habillez-vous, garçon !

Gueule-d'Amour vouvoyait les forçats. On aurait pu croire à une marque de respect. C'était simplement pour mieux les dominer. Ce grand métis avait une voix particulière, une voix profonde et douce avec un accent antillais plein de chaleur, et il parlait comme un bon père parle à ses enfants, sans jamais hausser le ton.

Il ôta son casque colonial et le donna à Louche, le surveillant qui le suivait comme un chien depuis son arrivée. Je jetai un coup d'œil circulaire, la case était cernée de soldats dont les armes étaient pointées vers nous. Quand Jalbert eut regagné sa place, Gueule-d'Amour ordonna :

– Inspection, messieurs !

La fouille, c'était l'humiliation suprême.

– Ouvrez la bouche, fit Louche en passant devant chacun.

En arrivant à la hauteur de Pique-Nouilles, Louche lui envoya un coup de genou dans le ventre. S'il avait eu un plan, celui-ci aurait été expulsé d'un coup.

– Si je découvre des objets non réglementaires dans les habits ou dans vos petites affaires, la punition sera d'exécution immédiate.

Il continua sa revue tout en proférant des menaces, abaissant chacun plus bas que terre.

– Déshabillez-vous et jetez vos vêtements loin devant vous.

On obéit aux ordres. Le Renard respirait de façon saccadée. Il toussait depuis quelques jours. Était-il malade ?

Pique-Nouilles cachait son sexe avec les mains. Gueule-d'Amour lui frappa l'avant-bras d'un coup de nerf de bœuf.

– Votre garde-à-vous n'est pas réglementaire, mon garçon.

Pique-Nouilles s'exécuta, posant ses mains tremblantes contre ses cuisses. Il baissa les yeux, rouge de honte et de colère. Je serrai les dents. La fouille s'éternisait. On en connut vite la raison.

– Dans cette case réputée tranquille, j'ai appris que plusieurs d'entre vous préparaient une cavale. N'est-ce pas, monsieur Gabriel Ferrandière ?

– J'en sais rien, chef !

Louche rougit et baissa la tête. Mon regard croisa le sien. Louche nous avait dénoncés. Il nous avait vendus et avait empoché l'argent. Je contins ma fureur. Je me serais volontiers jeté sur lui pour lui faire ravaler sa trahison.

Sous le regard amusé du chef, cinq surveillants fouillèrent les vêtements, inspectant chaque couture, retournant les chaussures. Pendant ce temps, deux autres secouaient les paillasses, vidaient les sacs, passaient la main dans le creux des hamacs.

Soudain, l'un d'eux brandit un pistolet.

Gueule-d'Amour se redressa. Il tapota la paume de sa main gauche de la pointe de son nerf de bœuf.

– À qui appartient ceci ?

Personne ne broncha.

L'arme avait été cachée là par un surveillant pendant l'appel, sur ordre de Gueule-d'Amour.

Ils s'y prenaient comme ça quand ils voulaient se débarrasser d'un gars.

– J'en ai envoyé pour moins que ça aux incos, messieurs. Que le coupable se dénonce ou je ferai un exemple ! Alors ? insista le chef.

Toujours pas de réponse.

– À qui appartient ce grabat ?

Lescoute leva la main.

Gueule-d'Amour sortit son pistolet, posa le canon sur le front de Lescoute. Lescoute trembla. Ses jambes flageolèrent. Un liquide jaunâtre auréola son pantalon.

– Il se pisse dessus, fit Louche.

Gueule-d'Amour esquissa une grimace.

– C'est toi qui as organisé la cavale ? demanda-t-il.

– Non, chef. Vous vous trompez.

– Je trouve un pistolet chargé sous ta paillasse et tu oses prétendre que je me trompe ?

– Non chef, c'est pas ce que j'ai voulu dire, mais je suis innocent.

– Innocent. C'est un mot qui n'effleurera plus jamais tes lèvres.

La détonation me fit tressaillir. Lescoute se tenait la tête. De la fumée blanche sortait de son crâne tandis qu'une flaque rouge s'étalait dans son dos comme d'un pot de confiture renversé. Il resta debout, tout raide, les yeux plantés dans ceux de son assassin. Puis il s'écroula sur lui-même comme un tas de bois qui s'effondre.

Pique-Nouilles s'évanouit.

Je ne parvenais pas à détacher mon regard du corps sans vie de Lescoute, le pilleur de troncs. Je pensai à mon frère, à cette guerre qui avait mené tous ces hommes nulle part, dans le grand charnier de la vie, dans l'oubli de la mort. Lescoute avait vécu quelques années de plus qu'Amédée. Une poignée d'années, un temps de misère et d'effroi. À quoi bon ? Et sa dernière vision avait été celle de cet homme sans courage, Gueule-d'Amour, auquel le goût du pouvoir avait octroyé tous les droits.

La jambe droite de Lescoute se détendit d'un coup. Mais son œil resta vide, la pupille dilatée. Il était parti rejoindre les milliers de forçats dont la France broyait injustement les existences depuis soixante-dix ans.

Gueule-d'Amour n'affichait aucune émotion. Peut-être un léger plaisir, une satisfaction du devoir accompli. Juste un tremblement des doigts quand il rangea son arme dans l'étui de cuir noir. Il se tourna ensuite vers Louche.

– Qu'on emmène le corps et qu'on prenne les mesures d'usage !

Puis il se plaça face au Renard. Il posa l'index sur une cicatrice que ce dernier portait à l'épaule. Une cicatrice ronde, de la taille d'une balle.

– Nous nous connaissons. Vous vous souvenez, peut-être, lors de votre premier séjour au bagne ?

Le Renard hocha simplement la tête.

– Rappelez-vous la nuit de votre évasion, reprit Gueule-d'Amour. La course effrénée dans les eaux marécageuses de la pointe Panato, à l'embouchure du Maroni, et ce coup de feu.

Moi, je savais. La veille, justement, le Renard m'avait raconté... La balle de Gueule-d'Amour s'était fichée dans son épaule. Le Renard s'était écroulé. Les chasseurs de primes l'avaient repris. Après un bref passage à l'infirmerie, il avait croupi quatre longs mois dans un cachot de Saint-Laurent.

La sueur perlait à ses tempes. Ses yeux sortaient de leurs orbites. Mais il osa soutenir le regard du surveillant-chef. Gueule-d'Amour fit claquer sa langue sur son palais.

– Eh bien, le Renard. La justice vous a de nouveau rattrapé.

– J'ai fait mon temps, chef. J'ai doublé et je suis retourné en France.

– Et là, vous avez recommencé à faire des bêtises ?

– Rien de bien grave, chef. J'ai juste emprunté une bicyclette.

– Comme tout bon relégué, le Renard. Combien de fois ai-je entendu cette chanson : « J'ai juste emprunté une bicyclette » ? Nous avons à parler, le Renard. Je sais que vous êtes le meneur et que vous préparez cette cavale depuis le premier jour de votre incarcération à la Citadelle. J'aime les histoires aventureuses comme la vôtre. J'aime les gaillards de votre trempe qui croient pouvoir changer le monde. Vous allez tout me raconter. Venez avec moi.

Le Renard baissa la tête. Louche lui passa les menottes.

– En attendant, les autres, tenez-vous à carreau ! Fin de l'inspection. Repos, messieurs !

Avant de passer la porte, le Renard se retourna. Son regard croisa celui de Ben Salam.

Je m'assis sur ma paillasse en m'exclamant :

– Lescoute s'est pissé dessus ! Pour un gars qui a fait la guerre !

– Lescoute n'a jamais fait la guerre, petit, dit Pique-Nouilles. Tout ce qu'il t'a raconté au sujet de ton frère, ce ne sont que des inventions.

– Quoi ?

– Ce gars-là avait besoin de s'inventer une vie un peu plus noble que la vraie. Tu comprends ce que je veux dire ?

Quelque chose venait de s'éteindre en moi.

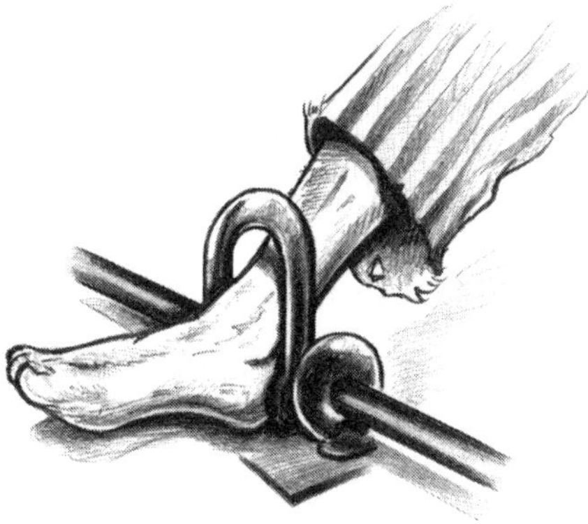

La mort de Lescoute avait découragé

La mort de Lescoute avait découragé les velléités de cavale du groupe de Pique-Nouilles. Ils ne partiraient pas. Franek, Lejonc, Jalbert et moi, par contre, on ne raterait pas notre chance. Nous avions projeté de partir le soir même.

La nuit tomba. L'orage éclata peu de temps après et un déluge noya le camp de Saint-Jean.

Lejonc se tourna vers Franek.

– Va voir qui est le surveillant de semaine.

Franek sortit en maugréant. Il regarda à droite, à gauche. Une lampe-tempête éclairait à peine la case des surveillants.

Les autres jouaient aux cartes, se reposaient. Mazoyer enferma un longicorne dans une boîte pour le réhumidifier. Ben Salam se faufila à l'extérieur de la case : personne ne fit attention à son départ.

Soudain, Franek revint. Il accrocha au mur sa vareuse dégoulinante.

– Quel temps de merde !

– C'est qui alors ? demanda Lejonc.

– Girou. Ce connard déteste la flotte. Il passe sa garde sur la terrasse ouest du bâtiment quinze, à l'abri de la pluie. Il n'en sortira pas.

– Tu es sûr ?

– Sûr !

– Il a des rondes obligatoires ! s'exclama Jalbert.

– Je le connais, je vous dis. Il va peut-être même s'endormir.

Lejonc ramena ses genoux contre sa poitrine.

– Et si Gueule-d'Amour ou un autre traverse la cour et joue de la lampe électrique ?

– Alors faut pas passer à ce moment-là !

Dans une maison de gardien, un chien se mit à hurler à la mort. Lejonc frissonna.

Il pleuvait comme jamais. L'eau frappait le toit dans un vacarme d'enfer et se frayait un chemin sous les tôles. Ça gouttait de partout. Devant la terrasse s'étirait un rideau tressé par le ciel.

Les conditions idéales se trouvaient réunies pour une cavale réussie. Mais le Renard était retenu prisonnier par Gueule-d'Amour. Était-il encore vivant ? Dans la soirée, un tas de rumeurs avaient couru à son sujet.

L'heure passait. Il ne fallait pas partir après minuit, c'est ce qu'avait dit le Renard. C'était le début de la marée descendante et l'heure du rendez-vous avec les lépreux.

– Alors, Benji ? demanda Lejonc. Tu as pris ta décision ?

– Le Renard sera pile à l'heure sur la plage pour le départ. Une cavale si bien préparée, ça ne se rate pas !

– Sauf s'il est au fond d'un cachot, mon gars…

– Et Ben Salam ! s'exclama Pique-Nouilles. Il est où Ben Salam ?

– Parti pisser dehors, fit Jalbert.

– Ou nous vendre aux gaffes, jeta Lejonc.

Un éclair lézarda le ciel. La foudre explosa au centre de la cour. Des cris fusèrent des cases voisines. Le chien hurlait toujours à la mort. Des ombres passèrent le long des cases. D'autres pieds-de-biche s'évadaient ce soir-là. Tant mieux.

Je m'allongeai sur ma paillasse, habillé dans des vêtements civils par-dessus lesquels j'avais enfilé vareuse et pantalon. Deux lampes à huile brûlaient dans le couloir séparant les bat-flanc. Une à la mémoire de Lescoute. L'autre pour Hernandez.

Franek était le seul à posséder une montre. Il leva le poignet.

– Dans un quart d'heure, on est sur la plage.

Dans le fond du baraquement, Ferrandière, Picard, Pique-Nouilles et Mazoyer s'apprêtaient à jouer à la marseillaise.

– Tu fais le banquier, Ferrandière ? proposa Pique-Nouilles.

– D'accord. Et toi le coupeur ?

– Je n'ai pas envie de démarrer. Demande à Picard.

Ferrandière ramassa le jeu. Il annonça « Trèfle » et le tendit à Picard. Picard battit les cinquante-deux cartes un petit moment. Les moustiques vrombissaient au-dessus de la lampe à pétrole dont le verre s'encrassait à grande vitesse. Visage fermé, chacun surveillait les secondes. Je ne pouvais retenir des gestes de nervosité.

– C'est l'heure, les gars !

Franek se leva, ôta en vitesse ses vêtements de bagnard. Lejonc et Jalbert en firent autant. Puis, à l'aide de son couteau, Franek descella la brique creuse où se trouvait l'argent de la cavale. Il fourra la liasse de billets dans sa chaussette, sans plus de précautions.

– On partage maintenant, dit Lejonc.

Franek releva la tête, étonné.

– Tu n'as pas confiance ?

– C'est pas une question de confiance mais il pourrait t'arriver malheur.

– Je garde l'argent !

Franek se tourna vers moi.

– C'est maintenant que tu te décides, Benji. Nous, on fout le camp d'ici ! Et toi, Pique-Nouilles ?

– Lescoute est mort. Ben Salam a disparu. Je ne tente rien tout seul. Tu sais, je ne suis pas fait pour l'aventure.

– C'est bon. Filons !

Franek sortit le premier. Il faisait nuit noire. Il disparut très vite derrière le rideau de pluie, suivi de Lejonc et Jalbert. Je me déshabillai en vitesse, jetai mes vêtements sur mon grabat, mis mon sac en travers de l'épaule. Je jetai un dernier regard vers Mazoyer, Ferrandière, Pique-Nouilles et Picard. Des mains se levèrent pour me saluer.

– Dieu te garde, petit ! fit Mazoyer.

Je pensai aux paroles de l'infirmier de la Citadelle. Il suffisait de tenir cinq ans en brousse pour être libre.

– J'y vais !

Je traversai le camp au pas de course, me dirigeant d'instinct vers le fleuve. Des silhouettes s'agitaient sur la rive.

– Benji ?

C'était la voix du Renard. Il était au rendez-vous ! J'entrai dans l'eau et montai dans la pirogue qui nous attendait. À l'avant, un homme retenait l'embarcation poussée par le courant. Lejonc écopait déjà sans relâche. Le Renard me tendit une pagaie. Je pris place sur le banc de nage et enfouis ma rame dans l'eau.

– Comment...

– Je te raconterai !

– Et Ben Salam ?

– Mort en me sauvant la vie !

La liberté

Les pagaies plongeaient en rythme

Les pagaies plongeaient en rythme dans l'eau noirâtre et secouée de clapotements. La pluie piquait les yeux. Je me retournai. Le camp de Saint-Jean était mangé par l'obscurité. Par intermittence, l'homme de proue allumait une torche pour mieux évaluer la distance qui nous séparait de la berge.

Au milieu du Maroni, il n'y avait que le vacarme de la pluie. Les eaux du ciel et du fleuve se mêlaient intimement. L'homme de proue donnait des ordres :

– Plus à gauche ! Laissez filer !

C'était un lépreux.

Très vite, la pirogue doubla l'île Portal et se trouva entraînée par un courant plus fort.

– Appuyez ! s'écria le lépreux.

Je m'arc-boutai sur le manche.

Les pagaies étaient très lourdes, et les muscles commençaient à me brûler. Mais je voulais lutter pour gagner ma liberté.

À hauteur de l'île aux Lépreux, une torche de forte puissance éclaira les abords dans notre direction et les ombres de deux canots apparurent sur tribord.

– Les chasseurs de primes ! dit le Renard. On nous a dénoncés !

Qui avait pu nous trahir ? Seuls ceux de la case étaient au courant : Ferrandière, Mazoyer…

Des cris retentirent, des sommations sans doute. Inaudibles. Les canots se rapprochèrent, conduits par de solides piroguiers bonis. J'appuyai plus fort sur la pagaie. Mais Franek lâcha la sienne dans le courant. Il chercha à la rattraper, la pirogue faillit chavirer. Lejonc et Jalbert se jetèrent à l'eau. Des voix s'élevèrent. Deux flashs illuminèrent la nuit, suivis aussitôt par deux déflagrations. Une balle siffla à mes oreilles. Une autre toucha le Renard qui s'effondra dans le fond de la pirogue. Nos poursuivants vidèrent de nouveau leur chargeur. Je me mis à prier. L'île aux Lépreux se trouvait à portée de main. Des silhouettes arpentaient la plage. Deux hommes entrèrent dans l'eau, nagèrent quelques instants vers nous, saisirent la corde attachée à la proue et tirèrent l'embarcation vers un dégrad[1] abrité sous une abondante végétation.

– Ils ne nous suivent pas ! m'étonnai-je.

1. Un appontement.

– Non, me répondit le lépreux. Les chasseurs de primes vont retourner à Saint-Laurent. Mais demain et les jours suivants, les canots vont ceinturer l'île. Vos têtes sont mises à prix.

– Mises à prix, répéta Franek. Et pour quelques dizaines de francs, les Indiens galibis ne lâchent jamais leur proie.

On entra dans la brousse. Franek et moi, on aidait le Renard à marcher. Il perdait beaucoup de sang et de grosses guêpes blanches tournaient autour de sa blessure.

– Tu vas t'en sortir, fis-je.

Au camp des lépreux, comme au bagne, les hommes jouaient aux cartes sous des carbets de fortune dont les toitures laissaient passer l'eau. Un feu crépitait au centre d'une petite cour. De temps en temps, un gars y jetait une branche épaisse, faisant s'envoler une mitraille de braises. Quand ils approchèrent, je découvris les visages et les membres dévorés par la maladie.

– J'ai froid, dit le Renard.

– Allongez-le sous mon carbet, proposa le lépreux en indiquant une petite case.

Je restai près du Renard. La sueur perlait à ses tempes. Il me raconta, les lèvres tremblantes :

– C'est Ben Salam qui m'a délivré. Gueule-d'Amour et Louche s'apprêtaient à me torturer.

Mais Ben Salam y a laissé sa peau. Il y a eu une grosse bagarre. Du sérieux. J'ai égorgé Louche, je ne sais pas comment. Ben Salam, il est mort en criant le nom de son Dieu. Après, j'ai planté une baïonnette dans le ventre de Gueule-d'Amour.

Il ajouta avec un sourire :

– Deux partout !

Le Renard mourut dans mes bras. Je fus secoué d'un sanglot. Cet homme m'avait guidé. Je m'évadais en grande partie grâce à lui.

– Faut pas craquer ! s'exclama Franek.

Je voulus l'enterrer. Les lépreux refusèrent. On jeta son corps à l'eau.

Les lépreux nous cachèrent pendant quatre jours. Leur île était l'endroit idéal pour des fugitifs. Personne n'osait l'aborder. Les lépreux y étaient isolés mais ils étaient au courant de tout. L'ambiance était la même qu'au bagne. Pas mieux, pas pire. On aurait pu croire qu'à cause de leur misère physique, ils s'entraidaient et faisaient preuve d'humanité. Mon œil ! Il y avait des caïds, des vengeances, des bagarres à mort et, au bout du compte, il régnait sur leur île la même violence qu'à Saint-Jean.

Les surveillants de l'administration pénitentiaire les traitaient comme des chiens. On racontait que les canots de ravitaillement s'arrêtaient à une demi-encablure de l'île et jetaient par-dessus bord des morceaux de viande avariée, des caisses d'œufs pourris et des sacs de pain rassis.

Notre lépreux échangea notre grosse pirogue contre un petit canot discret et très facile à manœuvrer. Peut-être qu'il y avait gagné, mais à deux on n'aurait jamais pu piloter la pirogue ! D'après lui, Franek et moi on serait poursuivis sans relâche par les chasseurs de primes pour assassinat et complicité d'assassinat de surveillants dans l'exercice de leurs fonctions. On risquait la guillotine. Nous ne pûmes embarquer toutes les provisions achetées par le Renard. Il fallut se contenter de quelques conserves.

Nous avions quitté l'île aux Lépreux

Nous avions quitté l'île aux Lépreux depuis trois jours quand Franek attrapa la fièvre. Je décidai de faire une halte et nous quittâmes la Mana pour gagner une plantation abandonnée. C'est ici que nous nous installâmes pour reprendre des forces. Je secouai un papayer pour en faire tomber deux fruits mûrs. Avec mon couteau, j'ouvris les papayes en deux, les débarrassai de leurs petites graines rondes et élastiques. Le parfum trop fort de la chair rosâtre m'écœura. Mais je mangeai ma part tellement j'avais faim. Puis je proposai l'autre fruit à Franek.

– Pas envie… merci.

Les membres de Franek s'agitèrent de soubresauts. Il tourna la tête et plissa les paupières. La fièvre qu'il avait contractée le faisait trembler. Il s'était recroquevillé sur lui-même et respirait difficilement. Sa cage thoracique se soulevait par à-coups. Il se battait comme une bête mourante pour trouver son souffle, ne prenant même pas garde aux fourmis rouges qui le harcelaient de toutes parts, lui arrachant de minuscules lambeaux de peau qu'elles emportaient au plus vite dans leur fourmilière. Parfois, il relevait la tête, regardait vers le ciel et, d'une voix cassée, il appelait :

– Jalbert ! Lejonc ! On… on est là !

– Jalbert et Lejonc sont sûrement morts, marmonnai-je en jetant au loin la pelure des fruits.

– Cet idiot de Jalbert… ne sait même pas nager, ajouta Franek. Pourquoi il s'est jeté à l'eau ? Il a vu une baleine. C'est sûr. Il a vu une baleine. Il a voulu la chasser.

Il n'y a pas de baleine, ici.

– Si. Moi, j'ai vu des baleines. Elles étaient grosses comme des montagnes… Ils vont nous reprendre ? demanda Franek.

– Jamais !

J'en étais convaincu. On se cacherait dans la jungle. On se coulerait dans la nature, empruntant les chemins creusés par les pakiras, on ne nous retrouverait jamais !

Et puis, en ce moment, peu de surveillants osaient s'aventurer sur la Mana. On racontait qu'au-delà de Saut-Fracas, les rives grouillaient de forçats évadés qui écumaient les placers et les abattis, pillant villages et campements d'orpailleurs.

Je posai la main sur le front de Franek.

– Je suis là. On va s'en sortir, tous les deux.

Franek s'endormit, brûlant de fièvre. Cela faisait trois semaines que nous cabotions le long de la côte par petits sauts de puces, naviguant toujours de nuit et profitant des marées. Devant la crique Bœuf et la crique Coswine, il y avait pas mal de grabuge. Les chasseurs galibis avaient rattrapé des forçats de Saint-Laurent et ils en avaient sûrement tué quelques-uns.

Ainsi, on avait descendu tout le Maroni, franchi la pointe française et remonté la Mana jusqu'à Saut-Fracas.

Dès qu'on entendait un bruit, on se cachait sous les branches mais les fourmis vivaient en pagaille sur les orchidées et toutes les plantes de la rive, alors à chaque fois nous étions piqués par des centaines de mandibules !

Ce matin-là, nous trouvâmes un ancien abattis. À coups de sabre, je dégageai le pied d'un fromager. On accrocha nos hamacs. Il y avait un bout de tôle que je redressai pour faire un toit. On décida de s'y installer parce qu'il y avait largement de quoi manger : papayes, maracudjas, bananes, mangues, limes, ignames, sapotilles, goyaves, cabosses. Il y avait même des mombins.

Après plusieurs jours de ce régime, on reprit doucement des forces, même si Franek avait une sacrée diarrhée.

J'avais vu pas mal d'iguanes mais on n'osait pas encore utiliser les fusils ni le pistolet de crainte de se faire repérer par les chasseurs de primes. J'avais aussi aperçu un téju qui n'hésitait pas à s'approcher à trois ou quatre mètres et je commençai à le nourrir. J'espérais lui mettre la main dessus, car il pesait bien ses deux kilos et nous avions envie de viande fraîche !

Des aras se laissèrent tomber de leur branche en criaillant. Leurs larges ailes rouges et bleues battirent l'air. Leur vol croisa celui d'une aigrette blanche qui venait de décoller des buissons bordant l'autre rive. Je les regardai un instant : pourquoi les oiseaux s'étaient-ils envolés ?

Je me levai, scrutai l'horizon. Tout semblait calme quand une déflagration se répercuta dans la forêt. Je saisis les jumelles. Sur le fleuve, debout au centre d'une pirogue, un homme blanc observait la rive. La pointe de son mousqueton fumait.

Je fis signe à Franek de ne pas bouger et m'allongeai pour dévisager les indésirables à l'aide des jumelles.

C'était une longue pirogue d'au moins douze mètres, taillée dans le tronc d'un seul arbre. Les bancs de nage, la proue et la poupe étaient décorés d'entrelacs.

Huit rameurs appuyaient en cadence sur les pagaies, faisant avancer l'embarcation à grande vitesse. À l'arrière, le takari enfonçait sa longue perche dans les flots tumultueux.

– Les chasseurs… de primes, balbutia Franek.

– Oui, ils sont quatre surveillants et deux Indiens. Plus les piroguiers bonis.

– Ils nous recherchent ?

– Sans doute.

À notre arrivée, j'avais tiré le canot à l'abri des regards. Je m'y étais repris à trois fois pour lui faire franchir une petite butte et le dissimuler derrière un bosquet de palmiers coumou. Je ne regrettais pas mes efforts.

On attendit trois jours avant de repartir. Les chasseurs de primes semblaient avoir abandonné les poursuites.

Mais Franek avait perdu confiance en lui. Au passage des sauts[1], j'avais l'impression qu'il laissait filer. Peut-être qu'il n'avait plus la force mais ce n'était pas une raison. D'autres y étaient arrivés, pourquoi pas nous, que je lui disais. Il s'en moquait. J'avais le sentiment qu'il rêvait de retourner à Saint-Jean.

Après une journée sur le fleuve, on s'arrêta dans un carbet abandonné. Il y avait là toutes sortes d'objets bien entretenus, un gramophone, une lampe-tempête, une petite balance pour peser l'or, deux sabres d'abattis affûtés, une boîte de cartouches calibre 20, des boîtes de conserve, un sac de riz pendu à une corde, un poulet fraîchement boucané.

1. Rapides.

Nous étions tellement fatigués que nous décidâmes de nous installer. Franek mit un disque et on chanta en chœur. On ouvrit une bouteille de vin. Il était un peu âcre mais c'était bon quand même de boire du vin de la France quand le pays est si loin ! On mangea le poulet. C'est là que je vis qu'il y avait un poulailler un peu plus loin, mais il était vide et puait la pisse. Un fauve était sans doute passé par là.

Quand j'attachai mon hamac à une poutre maîtresse du carbet, une carte tomba sur le sable. C'était une carte de la Mana. Chaque saut y était indiqué, les montagnes, les lieux-dits, les placers : dégrad Samson, crique Sophie, Saut-Deux-Branches... Cette carte nous serait d'une aide précieuse et je remerciai le destin de l'avoir placée sur notre chemin.

Un nom était inscrit en haut à gauche : « Robert Gomès ». J'avais entendu parler de cet homme au camp de Saint-Jean. Il s'était installé comme orpailleur à Dagobert, en 1902.

Franek se mit à me réclamer de l'eau toutes les cinq minutes. J'eus soudain peur de le perdre. Puis j'eus une pensée horrible : si je l'abandonnais ou s'il mourait, je serais soulagé d'un poids.

Il se tut. Je m'écriai :

– Franek ! Franek !

Un ronflement me répondit. Il s'était enfin endormi. Je me levai, posai la main sur son front. La fièvre avait disparu.

Je m'allongeai de nouveau dans mon hamac, le fusil chargé contre moi, le doigt près de la détente. Je fermai l'œil, les sens aux aguets.

Attiré par la lueur du feu de camp, un crapaud-buffle s'installa tout près. Son coassement fut suivi par un grognement lointain. Un jaguar. Un frisson me parcourut.

Plus les jours passaient, plus Franek avait peur. Une peur violente, qui lui montait à la gorge chaque fois qu'il s'allongeait le soir. Il ne trouvait plus le sommeil. Et quand il parvenait malgré tout à s'endormir, il se réveillait d'un coup en hurlant.

J'essayais de le rassurer mais c'était la pleine lune et la jungle n'était plus que cris, cris de chouettes, de singes, de grenouilles et de crapauds. Franek délirait. Il devenait fou et je ne savais plus quoi faire.

Nous avions faim. La jungle n'était pas si généreuse. Les oiseaux se cachaient dans les frondaisons à cause de la chaleur accablante du jour. Les iguanes passaient leur temps à dormir sur les branches, dans le creux des rochers et tant qu'ils ne bougeaient pas il était très difficile de les apercevoir. Quant aux poissons, on aurait cru qu'ils avaient déserté les flots. Nous n'avions pêché que de minuscules yayas et un piranha dont je n'avais fait qu'une bouchée.

Je coupai des palmiers pinots pour en manger le cœur et nous caler l'estomac. Mais cela ne suffisait pas et, à mon tour, j'attrapai la diarrhée.

Et puis le moment que je redoutais tant arriva. C'était un soir. Je revins de la chasse avant la tombée de la nuit. Franek était allongé dans son hamac, les bras pendants. Il était mort.

Je ne le pleurai pas comme on pleure son frère ou un ami mais comme on pleure un camarade qui vous abandonne en disant : « Je suis fatigué de cette vie, maintenant débrouille-toi. »

Je commençai à creuser l'humus pour lui donner une sépulture. Seulement les racines des grands arbres formaient des lacets. Je me résignai donc à laisser son corps aux charognards. Je le traînai sur quelques mètres et je le cachai entre les racines d'un bois-cathédrale. Je lui croisai les bras et calai sa tête à l'aide d'une branche. On aurait pu croire qu'il s'était assoupi. Je lui confectionnai ensuite une croix. Je ne savais pas s'il était pieux. Peu importait.

Je prononçai un Pater et m'endormis, épuisé.

Je fouillai la concession dès mon réveil

Je fouillai la concession dès mon réveil pour trouver à manger. Le sac de riz avait disparu. Gomès était-il revenu chez lui ou avais-je été pillé ? J'avais entendu des bruits la nuit précédente.

Je ne pouvais plus avaler de cœur de palmier. Je le vomissais aussitôt. Alors, je me couchai, envahi par une lassitude contre laquelle il m'était impossible de lutter. Vers le milieu de la nuit, un grattement me réveilla : une énorme tortue traversait le terrain pour se rendre au bord de la rivière et s'y abreuver.

Je me levai d'un bloc, saisis la bête par la carapace et la retournai. Elle était à moi. Rien qu'à moi. Le pauvre animal brassait l'air de ses pattes. Je ne lui laissai aucune chance. C'était sa vie ou la mienne. Je la saignai avant de l'ouvrir en deux à coups de hache.

Puis je ranimai mon feu. Cette fois, je pensai aux jours de disette. Je me régalai d'une soupe faite avec le sang et les abats et je boucanai la viande pour le lendemain. Enfin, je m'endormis le ventre plein.

À l'aube, les branches sur lesquelles j'avais installé la viande de tortue se trouvaient à terre et les morceaux avaient disparu. Je songeai d'abord à un animal, puis, regardant vers la crique, je compris que des hommes étaient passés durant la nuit. Mon canot avait disparu. Avec lui, mes armes, les munitions, l'argent que j'avais caché à l'avant. Il ne me restait que mon sac que j'avais calé sous ma tête en guise d'oreiller.

Je m'assis sur le banc, laissai tomber ma tête sur la table…

J'essayais de me souvenir des bruits de la nuit. J'avais dormi à poings fermés. J'aurais pu être assassiné dans mon sommeil sans m'en rendre compte. Me faudrait-il désormais me cacher dans cette jungle ?

Une question par-dessus tout m'angoissait : comment quitter cette plage où le destin m'avait conduit ?

Je me dirigeai à pas lents vers la crique. Le courant était assez fort, il me porterait sans mal jusqu'au confluent de la Mana. Et là… Là… je n'osais pas y penser.

J'avançai dans l'eau. Les rochers arrondis par le courant glissaient. Je m'accroupis, l'eau n'étant pas encore assez profonde pour nager. Je fis quelques pas de plus. L'eau m'arrivait à la ceinture. Je marchai sur une branche épineuse.

Soudain, mon pied droit s'enfonça dans une gangue de vase. Je posai le pied gauche pour reprendre appui. Mon corps fut aspiré par les boues et les limons accumulés. Je plongeai d'un coup et nageai fort pour échapper au piège de vase.

Tout autour de moi, l'eau se troubla, devint ocre. Je bus la tasse, toussai. Le ciel et le soleil, le vert de la forêt se mêlaient.

Je rassemblai mes forces et, d'un mouvement brusque, parvins à jaillir hors de l'eau. Ma main agrippa le ponton de bois. J'étais sauvé. Des larmes coulèrent sur mes joues. Je fus pris d'un hoquet impossible à dominer.

J'attendis d'avoir récupéré pour me hisser sur le ponton. Je m'affalai sur les planches disjointes, fermai les yeux. Le visage souriant de ma mère apparut. Je lui promis à cet instant de me battre pour rester en vie.

Mon ventre me faisait mal. Mes bras avaient fondu à vue d'œil. Je tremblais de tous mes membres comme un vieillard.

Allais-je connaître le même sort que Franek ?

Je me dis qu'il devait être bien contre son arbre. Il n'avait plus faim. Il n'avait plus soif. Fini la misère. Et puis quelque chose en moi réagit. Comme une force qui bouillonne d'un seul coup et qui te dit : « Tu vas t'en sortir ! » J'imaginai des plans.

Je me confectionnerais des armes. Je chercherais des larves, des terriers de tatous. Je mangerais les fruits des palmiers. Et puis je construirais un radeau pour échapper à cette rivière et remonter enfin la Mana.

Je m'empressai de ranimer le feu. Le feu c'était la continuité de la vie, la force qui s'élevait vers le ciel. La flamme constituait un petit soleil. Quant à la fumée, elle me protégerait des insectes et des vampires.

Puis je m'installai au bord de l'eau. J'avais trouvé deux hameçons et de la cordelette dans le carbet. J'embrochai une petite grenouille que j'avais capturée dans la nuit sur le poteau central du carbet. Je m'assis sur le ponton, à l'abri de l'ardeur du soleil, et me mis à pêcher.

Très vite, des ondes se formèrent autour du fil. Mon pouls s'accéléra. Je ferrai une première fois. Deux minuscules yayas sautèrent hors de l'eau. Je replongeai l'hameçon et distinguai alors un banc constitué d'une vingtaine de poissons, à peine plus gros que des alevins, qui déchiquetaient le batracien. En peu de temps, ils laissèrent l'hameçon à nu.

Alors, l'inquiétude m'envahit : allais-je mourir de faim ? Je me dirigeai vers le bois, à la recherche de nourriture. La jungle regorgeait d'oiseaux, de mammifères, de reptiles... Mille espèces s'y côtoyaient, respectant chacune le territoire de l'autre. Mais ces animaux n'étaient que cris et odeurs, ils se cachaient savamment de leurs prédateurs parmi les épais feuillages, dans les souches éventrées, dans des terriers.

Je me confectionnai deux lances dans les branches droites et souples d'un arbuste. J'en brûlai les extrémités afin de les durcir. Et puis je m'entraînai au lancer.

En milieu de matinée, je n'avais rien attrapé alors je retournai des souches. Mais je n'y dénichai que des scorpions rouges, des termites et des scolopendres. Ainsi qu'un serpent plus fin qu'une mine de crayon.

Un peu plus loin, à l'aide de mon couteau, je soulevai les écorces de bois tombés. Je récoltai ainsi deux grosses poignées de larves que je fis griller sans aucun dégoût et dont je me régalai. Mais il ne me fallut pas longtemps pour éprouver de nouveau la faim.

Lors d'une expédition, je découvris de petites baies violettes, assez juteuses, au goût légèrement sucré. J'en goûtai d'abord une dizaine. J'attendis quelques heures et, n'ayant ressenti aucun trouble, je dévorai toutes celles que je trouvai autour de mon carbet.

Le soir, d'énormes crapauds-bœufs me rendaient visite. Je savais qu'ils étaient venimeux mais ignorais où étaient leurs poches à venin. Je ne pouvais les chasser pour m'en nourrir.

Je perdis très vite la notion du temps. Quel jour étions-nous ? Depuis combien de temps étais-je installé ici ? Je n'en savais rien.

Un soir, j'eus la chance de tomber nez à nez avec un tatou. Il n'eut pas le temps de s'enfuir et d'entrer dans son terrier. Je l'assommai avec ma lance. Je le cuisis dès mon retour au carbet.

Sa chair était bien moins bonne que la tortue. Elle était filandreuse et coriace. Mais j'avais tellement faim !

Le lendemain, je découvris de petits palmiers aux feuilles garnies de longues épines noires. J'en goûtai le fruit. C'était une graisse savoureuse qui me coupa très vite la faim.

Le soir, quand je m'allongeais dans mon hamac, le regard tourné vers la rive, je voyais revenir mes fantômes. Je m'endormais en pensant à eux.

Le floc d'une étrave s'enfonçant dans la boue

Le floc d'une étrave s'enfonçant dans la boue de la berge me réveilla. Je me redressai d'un bond, m'armai d'une lance.

L'homme qui venait d'aborder était un vieux métis à la peau cuivrée. Il portait d'épais lorgnons rafistolés de toutes parts, une chemisette blanche pleine de trous et un short colonial, un fusil dans la main gauche. Un pistolet pendait à sa ceinture. Il leva la main droite, paume vers moi pour indiquer ses intentions pacifiques.

– On m'appelle Donald Mornargent, ti'boug[1]. Et toi ?

– Benji.

– Qu'est-ce que tu fais donc chez ce bâtard de Gomès ?

1. Garçon.

– Vous le connaissez ?

– Quel couillon dans cette jungle ne connaît pas cet homme-là ?

– Je me suis installé sous son carbet. J'ai pensé qu'il était mort.

Il tira un cigarillo de la poche de sa chemisette.

– Je les fais moi-même, avec du tabac que je cultive. Tu en veux un ?

– Je ne fume pas.

La flamme de l'allumette lécha le tabac.

– Pourquoi il serait mort ? Robert Gomès est un homme mûr avec les pieds sur terre, plus solide que le roc. À la saison des pluies, il lui arrive de venir ici pour faire du balata et chasser à la petite semaine. Maintenant, c'est la saison sèche et monsieur s'en est retourné à Dagobert pour orpailler. Il a pris ses trois poulets, son chien, sa batée[1] et son fusil, et il s'en est allé. C'est un des meilleurs orpailleurs du territoire, ti'boug ! Il a le nez pour les bonnes terres. Ça lui arrive de faire cinquante grammes à la levée ! Il a le bon Dieu avec lui, c'est sûr. On ne sait pas où il cache son trésor. C'est un filou ! Sûr qu'un jour il s'habillera de fils d'or et d'argent. Et il achètera d'un coup d'un seul les trois Guyanes ! Et peut-être le Brésil avec...

– Et toi, tu fais de l'or aussi ? lui demandai-je.

– Moi ?

Il leva le canon de son fusil.

– Rester debout les pieds dans la boue, le cul dans l'eau et la tête courbée sur un lontom[2] ?

1 et 2. Instruments de prospection des chercheurs d'or.

Jamais de la vie ! C'est un job d'esclave, ti'boug. Pas pour Donald Mornargent ! Moi, je suis chasseur de tigres émérite pour le compte de M. Vanderhagen. C'est un grand monsieur qui est installé en Hollande dans le négoce de peaux. Il fait le serpent, le féfé[1], toutes sortes de bêtes. Les oiseaux empaillés. Et plus particulièrement la peau du jaguar, s'il vous plaît. Alors je lui fournis le produit de mes chasses.

– C'est bien payé ?

– Ça dépend de l'état de la peau. L'idéal, c'est de ne pas la trouer. C'est toute une technique de chasse, d'approche et de mise à mort que M. Vanderhagen en personne a mise au point.

Il s'assit devant la table.

– Tu es du camp de Saint-Laurent, toi ?

– Non, Juan-les-Pins.

– Alors tu t'es évadé et tes camarades sont morts ? C'est ça ?

Je baissai les yeux.

– C'est ça.

– Et ton canot a disparu ? C'est ce qui arrive tout le temps, ti'boug. Il y a pas mal de rôdeurs ces temps-ci. Tu chercherais pas de l'embauche, par hasard ?

– Gagner de l'argent ? Mais comment ?

– Je t'observe depuis plusieurs jours. Et je vois bien que tu es fait pour la jungle. Tu te débrouilles, tu n'as pas peur de la nuit. Moi, j'ai besoin d'un

1. Caïman.

aide de camp. Un lieutenant-major digne de ce nom ! Je t'emmène chez moi, là où aucun chasseur de primes n'a jamais mis les pieds ! Et je vais te donner un job reluisant.

– Ça consiste en quoi ?

– Je vais t'apprendre à chasser le seigneur de la jungle, kompè[1] jaguar en personne ! Quand tu auras appris, je te paierai grassement pour chaque peau que tu me rapporteras. Viens. Man Gustine va te faire goûter sa bonne fricassée de pac !

Je pris place à l'arrière de son canot. Nous remontâmes une crique, puis un petit cours d'eau qui se frayait un passage entre les racines de grands moutouchis-marécages. Enfin, on s'arrêta. Donald attacha l'amarre à un ponton de bois et siffla trois fois. Des aboiements lui répondirent.

– Quand je siffle, c'est le signal, dit-il. Ne rentre jamais chez nous sans avoir sifflé trois fois. Man Gustine ou moi-même, on te tuerait sans sommation !

On chemina sur un layon bien nettoyé jusqu'à un grand carbet bâti à l'ombre d'un manguier. Juste à côté, dans un carré de jardin, poussaient des plantes aromatiques, des herbes pour soigner les maux ainsi qu'un jeune roucouyer. Au fond de ce terrain se trouvait le chenil : une vaste cage aux grillages de fer où vivaient une vingtaine de chiens jaunes, pouilleux et efflanqués. Vers l'ouest, un autre layon pénétrait dans la forêt.

1. Compère, en créole.

– Par là, c'est l'abattis, expliqua Donald. On y fait du manioc, de l'igname, des dachines, un peu de riz. Et du maïs mais la saison est finie. On n'est pas comme ces orpailleurs qui dépendent des commerces installés le long des criques et des rivières. Ils paient leur nourriture vingt fois le prix ! Ils ne gagnent rien. Ce sont des mange-chagrin ! La lèpre et la vérole peuvent s'abattre sur le monde entier pas plus tard que demain, moi et ma famille on continuera à manger à notre faim !

Un jeune chien se dirigea vers Donald et s'allongea sur le flanc pour réclamer des caresses. Le vieux Créole s'agenouilla, lui gratta énergiquement le dos.

– Ah, voilà madame, dit-il en se redressant.

Man Gustine apparut à l'entrée de la case, appuyée sur un balai qui venait de soulever un nuage de poussière.

– Elle chasse les mauvais esprits, murmura Donald.

Elle portait une robe rayée, un chemisier à dentelles d'un blanc immaculé. Je fus surpris par sa taille et sa corpulence. À côté de Donald, sec et tout ridé, on aurait dit un colosse. C'était une mulâtresse à la peau très claire et aux yeux verts. Ses cheveux roux et luisants étaient rassemblés en chignon au-dessus de la tête. Son visage rebondi empêchait qu'on lui donne un âge.

– Man Gustine a beaucoup de sang blanc dans les veines, lança Donald. Elle a des ancêtres békés par son père. Elle est sortie plus blanche que ses huit frères et sœurs. Beaucoup de garçons la convoitaient. C'est une belle femme, awa ?

– Alors, tu as ramené le petit Blanc ! fit-elle.

– Je ne pouvais pas faire autrement, lui répondit Donald.

Man Gustine gronda.

– Ce garçon a le regard démoniaque, oui !

– C'est une bonne affaire, je t'assure !

– Manman ! Une bonne affaire. Il ne fera pas revenir les beaux jours ! Et toi, dit-elle en s'adressant à moi, n'écoute pas ce vieux bon à rien. C'est un menteur !

– Toujours grincheuse !

Elle cracha sur le sol et retourna dans la case pour balayer les mauvais esprits.

Je m'installai à table, découvrant avec de grands yeux ce monde nouveau qui s'ouvrait à moi. Un chien aboya. La meute reprit sa plainte en chœur.

– Tu chasses avec des chiens ?

– Oui, tu verras !

Je plongeai la cuiller dans l'assiette. Le parfum du colombo aiguisa mon appétit. Je goûtai.

– C'est bon.

– Je le savais, applaudit le vieil homme. Toi, tu vas t'entendre avec Man Gustine, ti'boug. Je te le promets.

– Elle n'a pourtant pas l'air de m'apprécier et elle dit que tu es un menteur !

– Elle est méfiante comme renard et mauvaise comme vipère.

Plus tard, Donald se servit un ti'punch et s'installa dans un grand fauteuil. Il allongea ses jambes et ralluma son cigare qui s'était éteint. Il lorgna mes pieds.

– Faudra te trouver des chaussures, hum !

– Je m'habitue.

Donald insista :

– Si ton pied se pose sur une termitière, tu deviendras fou ! Aussi, tu ne dois pas pisser dessus !

Je demandai :

– Il y a d'autres choses qu'il ne faut pas faire ?

– Ne mange jamais la chair de féfé ! Tu attraperais la lèpre. Tu ne dois pas non plus tirer sur un maraï[1] qui vole, car c'est l'âme d'un défunt qui monte vers le ciel. Il faut attendre que l'oiseau se pose à terre ou sur une branche basse pour tirer ton coup de feu. Et il y a bien d'autres choses comme ça que tu devras apprendre si tu veux continuer à survivre dans cette jungle. Mais je te les enseignerai à la longue… Je t'apprendrai les piaïs également.

– Les mauvais sorts ?

– Oui, les mauvais sorts, pour te débarrasser de tes ennemis ou de ceux qui t'ont trahi !

Je hochai la tête. À Saint-Jean, j'avais entendu maintes fois ce genre de superstitions.

– Tu viens de Saint-Lucie ?

– De Martinique, ti'boug. De Martinique ! Avec Man Gustine, je suis arrivé en Guyane juste après l'éruption de 1902. Nous avions tout perdu

1. Oiseau de la taille d'un faisan.

à Saint-Pierre : habitation, meubles, travail. Alors il fallait bien refaire sa vie. On a été à Fort-de-France. Mais on n'a jamais été bien acceptés. On était des étrangers. Des compagnies engageaient pour les mines de la Guyane, les gars partaient, par appétit de l'or. On a embarqué, Man Gustine et moi-même. Comme j'étais une fine gachette, j'ai commencé chasseur à l'embouchure de la Mana. Je tuais l'oiseau, le gros gibier. J'ai fait aussi élevage de coqs-combat. J'ai coupé le bois. Des petits jobs de-ci, de-là. J'ai tenu négoce à Saint-Laurent puis sur l'Inini en pays indien.

Un chant monta de la forêt. Une voix douce et monocorde.

– C'est qui ? m'étonnai-je.

– C'est la fille

– La fille ?

– Oui. Des garimpeiros[1] brésiliens nous ont donné une fille du nom de Jeisa-Amada. Ses parents sont morts. Nous l'avons adoptée. À la regarder, je crois qu'elle est indienne. Mais elle ne parle pas. Elle vit avec nous. Tu la verras, elle garde les chiens !

Cette voix suave, venue de la jungle, me charmait. Elle me rappelait le chant des sirènes attirant les marins.

Je l'attendis toute la soirée. Mais elle ne vint pas.

Avachi dans son fauteuil, Donald Mornargent ronflait, abruti de tafia. Man Gustine était couchée depuis longtemps.

1. Chercheurs d'or brésiliens.

J'allais donc travailler pour acheter un nouveau canot et une arme. Donald Mornargent ne m'avait pas encore dit combien je gagnerais. Mais il m'assurait que je pourrais bientôt repartir. Je ne savais pas trop si je devais lui faire confiance. J'avais visité son hangar. Les peaux de jaguars, de tamanoirs, de pumas, de jaguarondis, d'ocelots, de chats-margay étaient bonnes à jeter aux ordures tellement les saisons avaient passé dessus.

J'avais dormi dans un hamac

J'avais dormi dans un hamac de coton blanc couvert d'une épaisse moustiquaire, sur la terrasse. Quand les premiers rayons du soleil traversèrent la cime des arbres au-dessus de la clairière, Man Gustine descendit à la rivière. Elle portait sur la tête une bassine jaune remplie de vaisselle. Je la regardai s'éloigner sur le layon en chantant.

– Un décollage, garçon ?

Je levai la tête. Donald Mornargent tenait par le goulot une bouteille de tafia où macéraient de nombreuses plantes.

– C'est du quinquina distillé et quelques bonnes racines-bénies, recette spéciale de Man Gustine. Rien de meilleur pour lutter contre la malaria !

– Non merci.

– Tu devrais. C'est amer, mais ça requinque !

Il me tendit une machette bien aiguisée.

– On y va, petit !

Puis il se retourna et appela :

– Jeisa-Amada !

Les chiens aboyèrent.

La jeune fille apparut dans la clairière, tenant un chien jaune au bout d'une corde. Elle portait un calimbé de couleur rouge, serré autour de la taille, et un collier de perles multicolores ornait sa poitrine cuivrée. Mon regard fut attiré par ses seins, deux jolies mangues à la peau tendue.

Elle marchait pieds nus, comme moi.

Quand elle fut assez proche, je plongeai mon regard dans ses immenses yeux noirs où luisait un éclat de tristesse.

Mes lèvres frémirent. Mon cœur battait à grands coups. La tête me tourna. Je fermai les paupières, les rouvris.

Elle avait mon âge.

Le soleil du petit matin révélait la douceur de sa peau, les courbes gracieuses et souples de son corps. Elle était belle comme ces filles du Nouveau Monde dont parlaient les poètes.

Elle baissa la tête en passant devant moi. Un ardent parfum de fleurs sauvages l'entourait.

– Voilà le chien, dit-elle simplement en tendant le bout de la corde à Donald.

– Donne-le à Benji, fit Donald en enroulant l'amarre. Ensuite, tu iras à l'abattis, Man Gustine veut de l'igname et des bacoves !

La main de Jeisa-Amada effleura la mienne.

Mes doigts se resserrèrent sur les siens. Mes joues s'embrasèrent, mon ventre prit feu. Je n'avais jamais ressenti tumulte aussi violent. Le bonheur s'ouvrait enfin à moi. Un bonheur nouveau, que je ne connaissais pas, qu'il me fallait apprivoiser. La prendre dans mes bras. Me blottir contre elle pour oublier les souffrances d'avant et la regarder dans les yeux, calmement.

Le chien tira sur la corde et nous sépara.

On embarqua. Entre les deux bancs de nage, Man Gustine avait installé les affaires de chasse et une petite marmite de nourriture.

Jeisa-Amada s'éloigna sur le layon. Elle se retourna une fois. Nos regards se croisèrent. Je lui souris.

Dans le premier coude de la crique, le ponton disparut à nos yeux.

– Elle... elle parle français ? demandai-je au vieux Donald.

– La fille ?

– Oui.

– Elle parle toutes les langues. Le français, le taki-taki, le créole, le brésilien c'est évident, trois mots de chinois...

– Hier, tu m'as dit qu'elle ne parlait pas.

Il éclata d'un rire sonore et ajouta :

– Moi, j'ai dit ça ? Plutôt brûler cent ans en enfer ! Elle parle le chien, aussi ! Il faut parler toutes les langues quand on vit en forêt. Tu apprendras ça, ti'boug !

– Elle dort dans son propre carbet ? Je ne l'ai pas vue, cette nuit, entrer dans la case…

– La fille s'occupe du chenil ! me répondit simplement Donald.

Il ajouta, l'air menaçant :

– La fille est belle, awa ?

– C'est vrai qu'elle est belle.

Donald posa la pagaie dans le fond du canot. Il sortit un cigarillo de sa poche et l'alluma. Il tira deux bouffées nerveuses.

– J'ai surpris tes manigances, ti'boug.

– Tu veux dire quoi, par là ?

– J'ai vu ton regard sur la fille. Ton regard diabolique. Man Gustine a raison sur ce point ! Alors Donald Mornargent te prévient : si tu veux rester en vie, ne t'approche jamais d'elle. Jamais !

Je respirai profondément.

La menace ne me touchait pas. C'était trop tard. Mon destin était désormais lié à celui de Jeisa-Amada. Je le savais. Je le sentais au plus profond de mon être.

Et personne n'y changerait rien.

La crique Koumarou était calme.

Les martins-pêcheurs volaient à la surface de l'eau en quête de leurs proies. Parfois, ils plongeaient, nageaient sous l'eau et ressortaient, un poisson en travers du bec.

Sur une branche basse, un iguane se dorait aux

derniers rayons du soleil. Donald me fit signe de maintenir l'embarcation immobile. Je donnai de petits coups de rame contre le courant.

La déflagration se répercuta en écho contre les murailles végétales des rives. Un panache de fumée blanchâtre entoura le canot.

Un filet de sang coulait de l'iguane. Il avait été touché en pleine tête.

– Man Gustine nous fera une bonne fricassée ou un colombo, dit-il en dirigeant le canot vers une petite plage de sable et de rochers. On s'arrête là, ti'boug.

Je tirai l'embarcation à l'abri des feuillages de balisiers. Je ramassai l'iguane puis me grattai les chevilles dévorées par les yens-yens.

– Tu devrais enduire tes jambes de roucou, ça éloigne les parasites, ti'boug!

Nous marchâmes longtemps dans la forêt. Donald connaissait les lieux par cœur. De temps en temps, il abattait sa machette sur une racine aérienne, s'agenouillait pour interroger le sol, ramassait des fruits tombés d'un arbre et les rangeait dans sa musette.

– Tu sais où se trouvent les jaguars?

– Oui. Il en reste une demi-douzaine dans ce secteur.

– Mais quand tu les auras tous tués?

– Quand je tue un jaguar, je fais une prière pour qu'un autre le remplace aussitôt. Et je laisse des offrandes aux esprits de la forêt.

– Et... et ça marche?

– Pour l'instant, ti'boug ! Et puis je ne touche pas aux petits. Je les laisse grandir. Pendant ce temps, je chasse le féfé, le macaque et les oiseaux pour leurs plumes ou l'empaillage.

– Et le…

Donald me fit signe de me taire. Son regard courut sur les troncs des arbres avoisinants. Il regarda attentivement vers l'ouest, leva le nez pour flairer une odeur un peu plus acide que les autres. Enfin, il s'approcha d'un gonfolo gris, posa le doigt sur des marques de griffures.

– Il y a un chat-tigre[1], ici. Ce n'est pas bon.

– C'est un animal dangereux ?

– Pas du tout. Le chat-tigre craint l'homme par-dessus tout ! Mais lui et son cousin le jaguar ne font pas bon ménage. Si tu vois l'un, l'autre est très loin !

– Tu pourrais lui prendre sa peau.

– Aujourd'hui, je chasse le jaguar. J'ai une commande importante de monsieur Vanderhagen.

– C'est lui qui vient chercher les peaux ?

– Il va passer. Il va bientôt passer. J'ai entendu son nom courir dans les villages de la Mana. Il va passer, c'est certain. Ce qui veut dire qu'il me paiera. Et les beaux jours reviendront.

– Tu parles de lui comme s'il n'existait plus…

– Man Gustine t'a bourré le crâne avec son histoire de menteur.

– Non, je te crois !

1. Ocelot.

Il huma à nouveau l'air, balbutia une courte prière et choisit de continuer vers le sud. Je suivais, tenant la corde au bout de laquelle tremblait le chien jaune.

– Là ! s'exclama le vieil homme.

Il s'agenouilla. Le chien geignit, rentra sa queue entre les pattes.

Donald posa la main sur le sol. Il ramassa trois longs poils jaunes et souleva une tige cassée net.

– Le chien a peur, murmura-t-il. Le jaguar n'est pas loin.

Il se releva en faisant craquer ses genoux et s'avança dans la végétation. Plus loin, il découvrit enfin des traces fraîches du jaguar.

– C'est un gros mâle, dit-il. Et il claudique. J'espère qu'il n'est pas trop vieux, la peau mitée par les vers-macaque.

Il cracha par terre et ajouta :

– C'est ici qu'on va le piéger.

À coups de machette, je l'aidai à dégager une petite clairière. Ensuite, il sortit une fiole de son sac. Une plume et une patte de poule y macéraient. Il la plaça contre un arbre et se signa.

– Attache le chien à cette branche, m'ordonna-t-il.

Je nouai la corde et caressai la tête de l'animal.

– Maintenant, recule, commanda Donald.

Son regard avait changé. Il ouvrit la culasse de sa carabine, sortit une cartouche de sa poche. Il observa la balle pointue et luisante et la baisa avant de l'introduire dans la chambre.

Il hésita un moment à choisir l'endroit où il allait se placer. Puis il s'éloigna à une dizaine de mètres du chien. Il s'installa en position de tir couché, visa en direction du chien.

– I bon!

Il se releva en prenant appui sur la crosse et posa la carabine contre un arbre. Puis il trancha quelques feuilles de balisier qui auraient pu le gêner.

– Je m'installe où? demandai-je.

– Allonge-toi près de l'arbre et ne bouge plus. Quoi qu'il arrive, tu dois rester immobile comme statue de pierre!

Je m'exécutai.

– Maître jaguar n'est pas loin. C'est l'heure de la chasse pour lui! Tous les animaux de la forêt tremblent d'effroi, ti'boug! L'heure de la mort a sonné!

Tout en parlant, Donald choisit une branche par terre. Il en testa la solidité. Il se dirigea tranquillement vers le chien, lui caressa la tête. Puis il abattit le gourdin d'un coup sec sur l'animal, lui arrachant un aboiement de terreur.

Le chien s'effondra.

Un bref instant, les grands yeux noirs cherchèrent une explication dans le regard du vieil homme. Mais, les yeux injectés de sang, ce dernier abattit le bâton une seconde fois. L'animal tira désespérément sur la corde pour échapper à son bourreau.

Je me relevai.

– Ne bouge pas! ordonna-t-il.

Le chien jaune, les deux pattes antérieures brisées à l'équerre, se traînait sur le ventre, tentant de soulever son poitrail. Bientôt, il s'allongea sur le flanc, se lécha les pattes et hurla à la mort.

Les grenouilles s'étaient tues. Les cigales avaient ravalé leur chant strident. La jungle entière écoutait ce cri épouvantable.

Dans l'ombre, le jaguar avait sans doute reconnu le hurlement de l'animal blessé.

Paisiblement, un sourire aux lèvres, Donald regagna son poste de tir. Il s'installa près de moi.

– Tu vas voir, ti'boug, ce ne sera pas long !

J'écoutais les battements de mon cœur. Chaque hurlement du chien me tourmentait un peu plus.

Soudain, il se tut.

Donald colla la crosse contre sa joue, l'index appuyé sur la détente.

Des feuilles bruissèrent, de façon presque imperceptible. En silence, le jaguar fondit sur le chien et planta ses crocs dans son crâne. La déflagration résonna longtemps dans la forêt.

Donald se leva et se dirigea vers le félin dont les pattes étaient agitées de soubresauts.

Le retour se fit en silence.

Donald avait accroché sa lampe-tempête à l'avant du canot. Entre lui et moi, le corps sans vie du jaguar pesait de tout son poids et rendait difficile la lutte contre le courant.

Au carbet, Man Gustine et Jeisa-Amada nous attendaient.

Donald dépeça le jaguar. Dans de grandes gamelles, Man Gustine prépara les abats, sala le foie, les rognons, découpa la chair en fines lanières tandis que Jeisa-Amada s'activait autour du boucan, surveillant la hauteur des flammes.

Ensuite, Donald gratta la peau puis la plongea dans une grande bassine d'eau contenant des décoctions.

Jeisa-Amada resta près du feu pour l'alimenter. Plusieurs fois, je l'aidai en lui donnant du bois. Je ne sus pas lui parler. Je craignais qu'elle ne me trouve gauche ou stupide. Et puis… je n'étais qu'un bagnard évadé. Je ne méritais pas une fille aussi merveilleuse. Nous échangeâmes juste des sourires.

Quand le jour se leva sur le carbet

Quand le jour se leva sur le carbet, il faisait frais et j'étais parcouru de frissons. Je n'avais pas pu dormir. J'avais aidé Jeisa-Amada tard dans la nuit. J'avais surveillé le feu. Nuit étrange et merveilleuse. Je n'avais pensé qu'à une chose : rester près d'elle. Rester près d'elle le plus longtemps possible. Je l'aimais.

Donald ronflait, imbibé par le rhum. J'avais vu Man Gustine partir à la crique pour laver sa vaisselle. Le feu brûlait déjà sous une petite marmite où mijotait l'iguane tué la veille.

Une brume pénétrante montait de la crique.

Jeisa-Amada n'était plus près du boucan. Elle avait recouvert les braises de gros copeaux de bois d'où s'échappait une épaisse fumée. Je la cherchai partout, me laissant bercer par son image, encore étourdi par cette étrange nuit.

Je la découvris derrière le grillage, parmi les bêtes, allongée sur la terre. Elle dormait avec les chiens ! Je me précipitai.

– Je vais te sortir de là !

Je voulus ouvrir la porte de bois mais elle était fermée par un cadenas. Je la secouai. Les chiens aboyèrent. Ma main trouva celle de Jeisa-Amada. Nos têtes se rapprochèrent, simplement séparées par le fil du fer.

Mes doigts se posèrent sur sa joue, essuyèrent une larme échappée d'un coup.

– Pourquoi ?

– C'est moi… J'ai demandé à Man Gustine qu'elle m'enferme. C'est à cause de son mari…

Je cherchai autour de moi de quoi défoncer cette porte et libérer celle que j'aimais.

– Il t'a touchée ?

– Jamais ! Il ne m'a jamais touchée. Mais j'ai si peur…

Un coup de feu claqua. Je me retournai. Terrorisée, Jeisa-Amada gagna le fond de la cage.

Donald se tenait derrière moi. Dans sa main, un pistolet fumait. Il abaissa lentement le bras tout en s'approchant. Son pied buta contre une fourmilière. Il chancela et se redressa in extremis.

Je hurlai :

– Libère-la !

– C'est une sauvage, ti'mâle.

– Libère-la !

– Elle t'échauffe les sangs, je vais être obligé de te trouer le ventre et de tanner ta peau pour la remettre à ces messieurs du bagne ! Ils te reconnaîtront à tes tatouages. Ces grands messieurs de l'administration sont des experts !

Je reculai d'un pas. Mon dos heurta le grillage. Je sentis le souffle chaud d'un chien contre ma peau.

– Laisse-nous tranquilles, fis-je pour gagner du temps. Elle ne m'intéresse pas.

– Tant mieux, tant mieux. Mais toi, ti'boug, tu ne me sers à rien !

– Je t'aiderai à chasser...

Il cracha par terre.

– Chasser... Je suis assez grand pour ça. Et puis à quoi bon ? Ça fait des mois et des mois qu'on n'a pas vu monsieur Vanderhagen. Tu n'as donc pas remarqué toutes les peaux qui s'entassent dans le hangar ?

Jeisa-Amada murmura. Une supplique pour que le vieil homme ne me fasse aucun mal. Elle joignit les mains et s'en remit aux dieux de la terre, des fleuves et du ciel.

Donald releva son pistolet. Sa langue sèche sortit de sa bouche, comme à l'instant où il allait tirer sur le grand jaguar.

Il chassait.

Il avait choisi son nouveau gibier : moi, le jeune bagnard évadé. Il toucherait une prime en ramenant ma dépouille à Saint-Laurent. Quelques centaines de francs pour acheter du tafia et offrir un bout d'étoffe à Man Gustine.

Son index appuya lentement sur la détente.

C'est alors qu'une silhouette se découpa dans la clairière. Un fusil à la main, la mulâtresse approchait à pas pressés. Elle se plaça derrière son homme, le visa entre les omoplates.

– Tu fais le coq avec ton beau pistolet tout reluisant ! cria-t-elle. Je t'avais dit que le petit Blanc nous apporterait que des ennuis !

Sans changer de position, le vieux Créole lui répondit :

– Laisse-nous régler nos comptes, Man Gustine !

Elle releva les deux chiens de son arme.

– Pas cette fois-là ! J'en ai assez que tu convoites la fille ! Lâche ton pistolet ou le diable t'emportera !

Donald posa le pistolet dans l'herbe rase en rouspétant. Mon regard fut attiré par les deux lettres gravées sur la crosse : « BJ ».

C'était mon arme, le modèle 1892 que m'avait procuré l'homme au chapeau blanc rencontré dans les rues de Saint-Laurent. C'était donc Donald qui avait volé mon canot, mes armes, mes munitions, puis qui m'avait observé pendant plusieurs jours avant de se présenter en sauveur !

– Il a déjà tué cinq évadés, gémit Jeisa-Amada.

Je regardai Donald dans les yeux, ravalant ma colère. Mais le vieil homme ne s'avouait pas facilement vaincu. Il me montra du doigt.

– Le petit Blanc, c'est mon affaire !

– Manman ! Mon affaire ! Tu ferais bien de boire un peu moins, ivrogne !

Il hocha la tête et s'en retourna vers la case.

Man Gustine sortit une clé de sa poche et délivra Jeisa-Amada.

– Filez tous les deux, ou il va vous tuer !

J'emboîtai le pas de Jeisa-Amada.

– Elle nous laisse partir ensemble ? s'étonna-t-elle.

– C'est pour que je t'éloigne de son mari.

Jeisa-Amada... Les feux du jour dansaient sur la peau luisante de ses épaules. Un peu de terre rouge du chenil restait collé sur son dos.

Le layon s'ouvrait sur l'abattis : un demi-hectare de cultures sur brûlis gagné sur la jungle, où poussaient manioc, bananiers, arachide, maïs, palmiers awara, coumou et maripa.

Je demandai :

– Tu sais où se trouve mon canot ?

– Là-bas ! me répondit-elle en indiquant la direction du nord-est.

– Dans la forêt ?

– Non. C'est dans un pri-pri.

– Un pri-pri ?

– Un marécage, si tu préfères. Il y a beaucoup de plantes qui pourrissent, ça sent très mauvais. Il y a aussi des anacondas et des caïmans. C'est difficile de s'y aventurer par la terre. Mais je connais un chemin. Un jour, je suis allée pêcher des attipas là-bas avec Man Gustine.

Jeisa-Amada avait préparé des provisions dans l'espoir de s'évader un jour : du riz et du kwak, des hameçons et du fil. Elle était prête à me suivre. Moi, je me sentais fort. Plus fort que jamais. Un peu comme lorsque j'étais enfant et que je me croyais invincible.

Le canot se trouvait à vingt minutes de marche du carbet, dans des marais infestés de moustiques. Nous montâmes à bord. Je poussai sur la rame.

On navigua toute la nuit, à la seule lueur de la lune. Jeisa-Amada pagayait à l'avant du canot. Je ne me lassais pas de la regarder. Ses cheveux noirs et brillants caressaient la peau cuivrée de son dos à chaque mouvement d'épaule.

– La crique Sophie n'est plus très loin, dit-elle. Je reconnais les courbes de la rivière. Nous serons tranquilles ici. J'aime bien cet endroit.

– Tu es déjà venue ?

– Je l'ai descendue et remontée des centaines de fois avec ma mère.

Le soleil se leva. Je sentis son ardeur sur ma peau. Sur les branches mortes, de petites orchidées blanches et jaunes s'épanouirent, attirant oiseaux-mouches et papillons. Nous nous installâmes sur la rive. Avec des feuilles de palmiers, je confectionnai un toit pour la nuit.

Les jours passaient. Je récupérais des forces. Mon corps se sculptait. Ma peau prenait une teinte ambrée. Mes cheveux poussaient et Jeisa-Amada me les tressa dans le dos. Elle me tissa aussi un calimbé.

Un matin, nous doublâmes la crique Sophie, puis des carbets installés le long de la Mana. Des hommes levèrent la main pour nous saluer.

Jeisa-Amada et moi, nous abordâmes en pays indien. Et, sur la crique Litani, loin de Saint-Jean, loin de l'administration pénitentiaire et des chasseurs de primes, on construisit un carbet. On aménagea un ponton, on acheta un moteur.

Très vite, Jeisa-Amada se procura des boutures de manioc, diverses graines et des plants de bananiers dans un village indien près de Saül et elle créa son propre abattis. Moi, je chassais pour les orpailleurs, je faisais du papillon. Chaque jour, nous pêchions.

Un soir Jeisa-Amada m'enlaça. Ses mains caressèrent ma peau dorée. Sa bouche se posa sur ma nuque. Je fermai les yeux. On s'allongea et on resta longtemps serrés l'un contre l'autre, écoutant simplement les battements de nos cœurs. Respirant le souffle l'un de l'autre, bercés par le chant des oiseaux et le cri des cigales. Ce fut la pluie qui nous tira de notre torpeur. Une pluie forte, qui réveilla les grenouilles endormies et enfla la jungle de mille parfums.

Une nouvelle vie commença pour moi. Un soir, je m'installai sur le ponton. Le soleil se couchait sur la jungle. Je pensai à mon passé, à mes frères de case, aux fantômes de mes camarades.

J'avais en partie gagné ma liberté. Et je me retrouvais là, loin des beuglements des gaffes, de Gueule-d'Amour, des coups de sifflet. Loin de la misère du bagne. Loin des cris des gars qui meurent, loin des pleurs.

Je me souvins alors des mots de l'infirmier à la Citadelle : « Tu te fais la belle et tu ne te fais pas prendre pendant cinq ans. Alors t'as l'droit au bénéfice de la prescription. Tu sais ce que ça veut dire, la prescription ? L'administration pénitentiaire elle te raye de ses listes et tu peux rentrer chez toi. »

Je tiendrais cinq ans, pour gagner entièrement ma liberté. J'en fis la promesse…

TABLE DES MATIÈRES

L'AUTEUR

Yves-Marie Clément a passé une dizaine d'années en Guyane française, terre de bagne pendant près de cent ans. À Saint-Laurent-du-Maroni il a eu la chance de rencontrer Icek Baron, un ancien forçat condamné à mort dont la peine fut commuée en perpétuité par grâce présidentielle. De leurs conversations est né le désir d'écrire ce témoignage, celui de la vie de Benjamin Friboulet, relégué à l'âge de seize ans et envoyé au camp de Saint-Jean-du-Maroni.
De retour en métropole, Yves-Marie Clément s'est installé en Ardèche avec sa femme et ses trois enfants. Après s'être longtemps exclusivement consacré à l'écriture, il enseigne aujourd'hui l'histoire, la géographie et le français dans un lycée. Il a publié une soixantaine d'ouvrages, surtout destinés à la jeunesse.

L'ILLUSTRATEUR

Denis Collet est né au Mans en 1964. Très tôt, dessins et esquisses envahissent ses cahiers d'école et, au grand dam de ses parents, les tapisseries de sa chambre.
Après un passage par les Beaux-Arts de Valence, il travaille en Ardèche comme graphiste et illustrateur pour l'édition et Internet. Ses pinceaux, ses crayons et sa palette graphique ne sont jamais bien loin pour habiller ses rêves, et peut-être les vôtres…

Achevé d'imprimer en France en avril 2006
sur les presses de l'Imprimerie Hérissey
à Évreux (Eure)
Dépôt légal : mai 2006
N° d'édition : 4345
N° d'impression : 101841